التَّمارِين النَّحْوِيَّة
Nahw Workbook

AL KHALILACADEMY

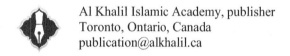

Al Khalil Islamic Academy, publisher
Toronto, Ontario, Canada
publication@alkhalil.ca

ISBN 978-1-7782888-0-7

1st print edition October 2022

بسم الله الرحمن الرحيم

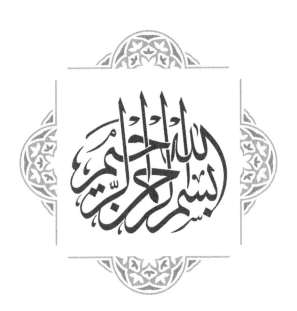

Contents

اَلْكَـلِمَةُ 1

أَقْسَامُ الْاِسْمِ وَ الْفِعْلِ وَ الْحَرْفِ 2

اَلْجُمَلُ وَالْمُرَكَّبَاتُ 4

أَقْسَامُ الْجُمْلَةِ الْخَبْرِيَّةِ 4

أَقْسَامُ اَلْجُمْلَةِ الْإِنْشَائِيَّةِ 7

أَقْسَامُ الْمُرَكَّبِ النَّاقِصِ 9

اَلْجُمْلَةُ الْاِسْمِيَّةُ 12

عَلَامَاتُ الْاِسْمِ وَالْفِعْلِ وَالْحَرْفِ 15

اَلْحُرُوْفُ الْجَارَّةُ 18

اَلْحُرُوْفُ الْمُشَبَّهَةُ بِالْفِعْلِ 21

اَلْأَفْعَالُ النَّاقِصَةُ 25

اَلْمُعْرَبُ وَ الْمَبْنِيُّ 28

أَقْسَامُ الْأَسْمَاءِ الْمَبْنِيَّةِ 30

اَلضَّمَائِرُ 30

اَلْأَسْمَاءُ الْمَوْصُوْلَةُ 32

أَسْمَاءُ الْإِشَارَةِ 34

أَسْمَاءُ الْأَفْعَالِ 36

اَلظُّرُوْفُ 37

اَلْكِنَايَاتُ 38

أَقْسَامُ الْأَسْمَاءِ الْمُعْرَبَةِ 39

إِعْرَابُ أَقْسَامِ الْأَسْمَاءِ الْمُعْرَبَاتِ 41

اَلِاسْمُ الْمَنْسُوبُ 47

اِسْمُ التَّصْغِيرُ 49

الْمَعْرِفَةُ وَالنَّكِرَةُ 51

اَلِاسْمُ الْمُذَكَّرُ وَالْمُؤَنَّثُ 55

وَاحِدٌ وَتَثْنِيَةٌ وَجَمْعٌ 57

أَقْسَامُ الْجَمْعِ 59

اَلْمَرْفُوعَاتُ 61

اَلْفَاعِلُ وَنَائِبُ الْفَاعِلِ 61

اِسْمُ مَا وَلَا الْمُشَبَّهَتَيْنِ بِـ(لَيْسَ) 64

خَبَرُ لَا الَّتِي لِنَفْيِ الْجِنْسِ 65

اَلْمَنْصُوبَاتُ 67

اَلْمَفْعُولُ بِهِ 67

اَلْمَفْعُولُ الْمُطْلَقُ 71

اَلْمَفْعُولُ لَهُ 73

اَلْمَفْعُولُ مَعَهُ 74

اَلْمَفْعُولُ فِيهِ 75

اَلْحَالُ 76

اَلتَّمْيِيزُ 78

اَلْمُسْتَثْنَى 80

اَلْمَجْرُورَاتُ 82

التَّوَابِعُ 84

اَلنَّعْتُ 84

اَلتَّأْكِيدُ 86

اَلْبَدَلُ 88

اَلْعَطْفُ بِحَرْفٍ 90

اَلْحُرُوفُ الْعَامِلَةُ 91

اَلْحُرُوفُ النَّاصِبَةُ 91

اَلْحُرُوفُ الْجَازِمَةُ 93

اَلْأَفْعَالُ الْعَامِلَةُ 95

اَلْأَسْمَاءُ الْعَامِلَةُ 98

اَلْأَسْمَاءُ الشَّرْطِيَّةُ 98

اِسْمُ الْفَاعِلِ وَصِيَغُ الْمُبَالَغَةِ 99

اِسْمُ الْمَفْعُولِ 100

اَلصِّفَةُ الْمُشَبَّهَةُ بِاسْمِ الْفَاعِلِ 101

اِسْمُ التَّفْضِيلِ 102

اَلْمَصْدَرُ 103

اَلْمُضَافُ 104

اَلْكِنَايَاتُ 105

اَلْحُرُوفُ الْغَيْرُ الْعَامِلَةِ 106

Glossary 110

Note

الحمد لله رب العالمين والصلاة والسلام على أشرف الأنبياء والمرسلين سيّدنا محمد وعلى آله وصحبه أجمعين

Teaching *nahw* (Arabic grammar) to complete beginners—especially when the language of instruction is English—can be challenging without providing students the opportunity to grammatically analyze Arabic sentences that are not only simple but, more importantly, do not contain more than what was already taught to the student. Since we use *Tasheel al-Nahw* (Mawlana 'Aamir Bashir edition) as our introductory *nahw* book at Al Khalil Academy, we felt the need to develop a sizeable number of additional exercises for each chapter in this particular book to allow our students to apply the concepts learned.

The Nahw Workbook aims to fulfill this purpose. The sequence of chapters in this book is the same as *Tasheel al-Nahw* so that it can be used in tandem with it. While several of the examples used in the exercises were developed by us, the primary source for examples is the famous book, *al-Nahw al-Wadih*. Other books such as *Lisan al-Qur'an, Miftah al-Qur'an, Qasas al-Nabiyyin* and *Mu'allim al-'Insha'* were also referenced.

This workbook was made possible by the efforts of the teachers and students of Al Khalil Academy. We are especially grateful to Mawlana Fahad A. Qayoom for reviewing the entire text and making many corrections. May Allah Most High reward all those who supported this effort. *Amin.*

If you find any errors or typos in this book, please do not hesitate to let us know by emailing publication@alkhalil.ca so we can make corrections in future editions.

Contributors

Mawlana Fahad A. Qayoom   Mufti Ibrahim Kureshi

Mufti Yusuf Lulat   Mawlana Huzaifah Dasu

Mawlana Shadman Siddiqui   Mawlana Zareef Pathan

Mawlana Ebrahim Lulat   Mawlana Bilal Saleem

Ustadha Zohra Motala   Muhammad Hamood

اَلْكَلِمَةُ

Exercise 1

State whether each of the following is a noun (اِسْمٌ), verb (فِعْلٌ) or particle (حَرْفٌ).

1	كَتَبَ He wrote	2	بَلَغَ He reached	3	سَلَامٌ peace	4	رَأَيْتَ you saw	5	فَعَلَ he did
6	وَ And	7	اَبْصَارٌ visions	8	فِي in	9	رَأَيْتُ I saw	10	اَلْفِيلُ the elephant
11	وَلَدٌ a boy	12	إِلَى towards	13	اَلْمَهْدُ the cradle	14	اَلْيَتِيمُ the orphan	15	أَرْسَلَ he sent
16	بَقَرَةٌ a cow	17	خَتَمَ He sealed	18	مِنْ from	19	عَنْ from	20	حِجَارَةٌ stones
21	اَلنَّاسُ the people	22	قُلُوبٌ hearts	23	جَعَلَ he made	24	اَلشِّتَاءُ the winter	25	جَمَعَ he collected
26	قَالُوْا They said	27	مَلِكٌ a king	28	اَلصَّمَدُ the Independent	29	اَلصَّيْفُ the summer	30	عَلَى upon
31	صِرَاطٌ a path	32	مَلَكٌ an angel	33	اَلْحَطَبُ the firewood	34	رِحْلَةٌ a caravan	35	اَلْإِنْسَانُ the human
36	كَفَرُوْا They disbelieved	37	يُوَسْوِسُ he whispers	38	حَبْلٌ a rope	39	اَلْبَيْتُ the house	40	اَلْحَقُّ the truth
41	غَفْلَةٌ heedlessness	42	خَلَقَ he created	43	جَاءَ he came	44	جُوْعٌ hunger	45	خُسْرٌ a loss
46	أَخَافُ I fear	47	حَاسِدٌ an envier	48	عَابِدٌ a worshipper	49	خَوْفٌ fear	50	آمَنُوا they believed

أَقْسَامُ الْاِسْمِ وَ الْفِعْلِ وَ الْحَرْفِ

Exercise 1

Each Arabic word below contains an error[1]. Rewrite the word correctly.

1	سَمِعٌ He heard	2	اَلرِّزْقٌ the provision	3	كِتَابُ a book
4	اَلْبَيْتٌ the house	5	اَلْإِنْسَانٌ the human	6	يَوْمُ a day
7	كَـلْبُ a dog	8	نَحْشُرٌ We gather	9	اَلشَّجَرَةٌ the tree
10	نَصَرٌ He helped	11	جَبَلُ a mountain	12	لِبَاسُ a dress
13	اَلْأَرْضٌ the land	14	اَلنَّارٌ the fire	15	فَعَلُ He did
16	سُفُنُ Ships	17	اَلسَّاعَةٌ the hour	18	رُسُلُ messengers
19	ضَرَبٌ He hit	20	يَدُ a hand	21	رِجَالُ men
22	اَلْشَّمْسٌ the sun	23	عِلْمُ knowledge	24	أَرْسَلْنًا we sent
25	كَسَرٌ He broke	26	مَكَانُ a place	27	اَلنِّسَاءٌ the women
28	وَعْدُ a promise	29	اَلسَّاحِرٌ the magician	30	اَلتَّوْبَةٌ the repentance

[1] The English translations are correct. Only the Arabic words contain errors which need to be corrected.

Exercise 2

Identify the verb (فِعْلٌ) and its type in each of the following sentences.

1	دَخَلَ خَالِدٌ الْمَدِيْنَةَ Khalid *entered* the city	2	اِخْلَعْ نَعْلَيْكَ *Remove* your sandals!
3	جَلَسَ بَكْرٌ وَزَيْدٌ Bakr and Zayd *sat*.	4	وَصَّيْنَا الْإِنسَانَ بِوَالِدَيْهِ حُسْنًا We have *enjoined* upon man goodness to his parents.
5	رَجَعَ مُوسَىٰ إِلَىٰ قَوْمِهِ Musa *returned* to his people.	6	لَا تَسْأَلْنِي عَن شَيْءٍ *Do not ask* me about anything!
7	يَرْفَعُ إِبْرَاهِيمُ الْقَوَاعِدَ Ibrahim is *raising* the foundations.	8	أُنْصُرْ أَخَاكَ *Help* your brother!
9	لَا تَقْرَبُوا مَالَ الْيَتِيمِ *Do not go near* the orphan's wealth!	10	سَيَجْعَلُ اللَّـهُ بَعْدَ عُسْرٍ يُسْرًا Allah *will bring about* ease after hardship.

Exercise 3

Identify the particle (حَرْفٌ) and its type in each of the following sentences.

1	يُنفِقُونَ أَمْوَالَهُمْ فِي سَبِيلِ اللَّـهِ They spend their wealth *in* the path of Allah.	2	أَلَمْ يَجْعَلْ كَيْدَهُمْ فِي تَضْلِيلٍ Did he not make their plan into misguidance?
3	كَفَرُوا بَعْدَ إِيمَانِهِمْ ثُمَّ ازْدَادُوا كُفْرًا They disbelieved after their belief and then increased in disbelief.	4	هُمْ عَن صَلَاتِهِمْ سَاهُونَ Those who are heedless of their prayer.
5	أَطِيعُوا اللَّـهَ وَأَطِيعُوا الرَّسُولَ Obey Allah and obey the Messenger.	6	فِي قُلُوبِهِم مَّرَضٌ In their hearts is disease.
7	أُولَـٰئِكَ عَلَىٰ هُدًى Those are upon right guidance.	8	لَمْ يَلِدْ وَلَمْ يُولَدْ He neither begets nor is born.
9	أَنزَلَ مِنَ السَّمَاءِ مَاءً He sent down from the sky, water (rain).	10	آمَنُوا ثُمَّ اتَّقَوا They believe and then fear [Allah].

اَلْجُمَلُ وَالْمُرَكَّبَاتُ

أَقْسَامُ الْجُمْلَةِ الْخَبْرِيَّةِ

Exercise 1

Analyze and translate the following sentences in English.

1	سَمِعَ اللّٰهُ	2	فَتَحَتْ هِنْدٌ الْبَابَ
3	اَللّٰهُ سَمِيْعٌ	4	حَفِظَ التِّلْمِيْذُ الدَّرْسَ
5	اَلْجَنَّةُ وَاسِعَةٌ	6	اَلْمَسْجِدُ قَدِيْمٌ
7	اَلْمُعَلِّمُ جَدِيْدٌ	8	جَلَسَ بَكْرٌ
9	اِسْتَغْفَرَ زَيْدٌ	10	تَقَبَّلَ اَللّٰهُ
11	صَلَّى أَنَسٌ	12	ذَهَبَ النَّاسُ
13	اَلرَّبُّ غَفُوْرٌ	14	دَعَا الْمَلِكُ الْقَوْمَ
15	أَكَلَ الْوَلَدُ الْخُبْزَ	16	اَلْقِصَّةُ عَجِيْبَةٌ
17	اَلْقَلَمُ مَكْسُوْرٌ	18	اَلرَّجُلُ صَالِحٌ

19	اَلْعِلْمُ نَافِعٌ	20	رَأَى النَّاسُ السَّفِيْنَةَ
21	قَعَدَ كُلْثُوْمٌ	22	مَرَّتْ امْرَأَةٌ
23	رَكِبَ بِلَالٌ الْفَرَسَ	24	اَلْحُوْتُ كَبِيْرٌ
25	نَصَرَ زَيْدٌ عَمْرًا	26	عَرَفَ الرَّجُلُ الْأَمْرَ
27	اَلطَّبِيْبُ حَاذِقٌ	28	اَلصُّنْدُوْقُ ضَخْمٌ
29	اَلْخَادِمُ أَمِيْنٌ	30	غَابَ الْقَمَرُ
31	تَزَوَّجَ الرَّجُلُ الْمَرْأَةَ	32	اَلْكِتَابُ مُفِيْدٌ
33	اَلْخَيَّاطُ مَاهِرٌ	34	غَضِبَ الضَّيْفُ
35	عَطِشَ الْعَامِلُ	36	اَلْوَلَدُ جَالِسٌ
37	اَلْمُعَلِّمُ حَاضِرٌ	38	خَرَجَ الْجُنْدِيُّ الدُّكَّانَ
39	ضَحِكَ رَاشِدٌ	40	اَلْأَرِيْكَةُ مُرِيْحَةٌ

Exercise 2

Each of the sentences below contain grammatical errors. Correct the errors then analyze and translate each of the sentences.

1	اَلْمُسْلِمُ صَادِقٌ	2	اَلشَّمْسَ طَالِعَةٌ
3	اَلشَّارِعَ ضَيِّقٌ	4	قَامَتِ بِنْتٍ
5	ذَهَبٌ زَيْدٍ	6	اَلْكُرْسِيُّ صَغِيْرُ
7	اَلقِصَّةَ غَرِيْبَةٍ	8	اَلبَابٌ مَفْتُوْحُ
9	كَتَبٌ خَالِدَ	10	دَخَلُ حَامِدٌ الْبَيْتَ

أَقْسَامُ اَلْجُمْلَةِ الْإِنْشَائِيَّةِ

Exercise 1

Identify the type of اَلْجُمْلَةُ الْإِنْشَائِيَّةُ from its ten types (listed below) and translate each of the following sentences in English.

أَمْرٌ	إِسْتِفْهَامٌ	تَرَجِّي	عَرضٌ	تَعَجُّبٌ
نَهْيٌ	تَمَنِّي	نِدَاءٌ	قَسَمٌ	عُقُوْدٌ

1	خُذِ الْكِتَابَ	2	قُلْ
3	اِقْرَأْ	4	لَيتَ زَيْدًا حَاضِرٌ
5	لَا تَكْفُرْ	6	لَعَلَّ خَالِدًا غَائِبٌ
7	أُدْخُلْ	8	هَلْ جَاءَتْ زَيْنَبُ
9	أُنْظُرْ	10	لَعَلَّ اَلرَّجُلَ كَرِيْمٌ
11	مَا أَجْمَلَ مُحَمَّدًا	12	لَا تَضَعْ
13	يَا دَاوُدُ	14	اِرْفَعْ
15	والْعَصْرِ	16	أُكْتُبْ
17	يَا زَكَرِيَّا	18	هَلْ ذَهَبَ بَكْرٌ
19	لَعَلَّ اَلرَّجُلَ فَقِيْرٌ	20	بِعْتُ وَاشْتَرَيْتُ
21	لَا تَدْخُلْ	22	اِرْحَمْ

23	وَالْقَلَمِ	24	وَالشَّمْسِ
25	مُرْ	26	أَسْعِفِ الْمَرِيْضَ
27	وَالْعَادِيَةِ	28	مَا أَزْكَىٰ هِنْدًا
29	وَالنَّاشِرَاتِ	30	مَا السَّاعَةُ
31	وَالْمُرْسَلَاتِ	32	هَلْ قَرَأْتَ الْقُرْآنَ
33	وَالطِّيْنِ	34	مِنْ أَيْنَ أَنْتَ
35	مَا أَذْكَىٰ بَكْرًا	36	أَيْنَ تَذْهَبُ الْيَوْمَ
37	يَا عِمْرَانُ	38	يَا مَرْيَمُ
39	لَا تَضْرِبْ	40	أَنْصِتُوْا
41	مَنْ نَصَرَكَ	42	لَعَلَّكُمْ تُرْحَمُوْنَ
43	اِدْفَعْ	44	لَا تَسْمَعِ الْغِنَاءَ
45	أَلَا تَنْصُرُنِيْ فَتَكْسِبَ أَجْرًا	46	مَا اسْمُكَ
47	لَعَلَّ الطَّقْسَ جَيِّدٌ	48	يَا مُجِيْرُ
49	لِمَاذَا فَعَلْتِ هذا؟	50	لَا تُحَمِّلْنَا مَا لَا طَاقَةَ لَنَا بِهِ

أَقْسَامُ الْمُرَكَّبِ النَّاقِصِ

Exercise 1

Identify the اَلْمُرَكَّبُ النَّاقِصُ from its five types (listed below) and translate each of the following phrases in English.

اَلْمُرَكَّبُ التَّوْصِيفِيُّ اَلْمُرَكَّبُ الْإِضَافِيُّ اَلْمُرَكَّبُ الْإِشَارِيُّ اَلْمُرَكَّبُ الْبِنَائِيُّ مُرَكَّبُ مَنْعِ الصَّرْفِ

1	سَيَّارَةُ الرَّجُلِ	2	رَبٌّ غَفُوْرٌ
3	اَلْوَرْدَةُ الْجَمِيْلَةُ	4	اَلْكُلِّيَّةُ الْمَشْهُوْرَةُ
5	بَابُ بَيْتِ الْمُدِيْرِ	6	أَبُو التَّاجِرِ الْغَنِيُّ
7	أَحَدَ عَشَرَ	8	أَبُو التَّاجِرِ الْغَنِيِّ
9	أَصْحَابُ الْكَهْفِ	10	نَافِذَةُ السَّيَّارَةِ الْكَبِيْرَةُ
11	صَدِيْقٌ عَاقِلٌ	12	نَافِذَةُ السَّيَّارَةِ الْكَبِيْرَةِ
13	صَدِيْقُ عَاقِلٍ	14	هٰذَا الْبَلَدُ
15	اَلثَّوْبُ النَّظِيْفُ	16	مِنْدِيْلٌ وَسِخٌ
17	إِثْنَا عَشَرَ	18	مَعْدِيْكَرِبُ
19	رَسُوْلٌ كَرِيْمٌ	20	هٰذَا الدَّفْتَرُ

Exercise 2

Analyze and translate each of the following sentences in English.

1	خَادِمُ الْمَلِكِ أَمِيْنٌ	2	هَـٰذِهِ حَضْرَمَوْتُ
3	اَلْعَرَبِيَّةُ لُغَةٌ جَمِيْلَةٌ	4	كَاتِبُ الرِّسَالَةِ صَادِقٌ
5	رَأَيْتُ اثْنَيْ عَشَرَ حِمَارًا	6	وَرَقَةُ الِامْتِحَانِ صَعْبَةٌ
7	اَلزَّوْجَةُ نِعْمَةٌ عَظِيْمَةٌ	8	غِلَافُ الْكِتَابِ جَمِيْلٌ
9	مُعَلِّمُ الْأَوْلَادِ عَالِمٌ	10	مَاءُ الْبِئْرِ عَذْبٌ
11	اَلطَّالِبُ كَسْلَانُ رَاسِبٌ	12	مِفْتَاحُ الْبَابِ مَفْقُوْدٌ
13	رَأَيْتُ أَحَدَ عَشَرَ كَوْكَبًا	14	اَلتَّاجِرُ الْأَمِيْنُ نَادِرٌ
15	رِجْلُ الْمَرْءِ كَبِيْرَةٌ	16	هَـٰذَا يَوْمٌ عَصِيْبٌ
17	هَـٰذَا صُوْفٌ نَاعِمٌ	18	هَـٰذَا لِسَانٌ عَرَبِيٌّ مُّبِيْنٌ
19	اَلْمَكْتَبَةُ الْجَدِيْدَةُ مُغْلَقَةٌ	20	أَنْزَلْنَا آيَاتٍ مُّبَيِّنَاتٍ

Exercise 3

Each of the below contain grammatical errors. Correct the errors and translate each.

1	وَلَدُ الْقَبِيْحُ	2	اَلسَّاكِنُ الدَّارِ
3	طَبِيْبُ حَاذِقٍ صَادِقٍ	4	صَلَاةٌ لَيْلٌ
5	بَابُ الْبَيْتُ الْجَمِيْلَ	6	اَلْمُدِيْرُ الْمَدْرَسَةُ الْمَشْهُوْرَةُ
7	ثَمَــانِيَــةُ عَشَرٍ	8	خَاتَمَ ذَهَبَ
9	سَائِقُ طَائِشٍ	10	أَحَدُ عَشَرٍ
11	أَرْبَعَةً عَشَرٍ	12	اَلْكِتَابُ الطَّالِبُ
13	قَلَمُ جَدِيْدٍ	14	اَلطَّالِبَةُ الصَّالِـحَةِ
15	فَلّاحُ قَوِيٍّ	16	تِسْعَةِ عَشَرَ
17	اَلْعَالِمُ الْكَبِيْرِ	18	خَمْسَةً عَشَرَ
19	عَامِلُ عَاقِلٍ عَابِدٍ	20	اَلسّارِقٌ الْحَازِمٌ

اَلْجُمْلَةُ الاِسْمِيَّةُ

Additional Rules[2]

Exercise 1

Analyze by simply identifying the مُبْتَدَأ and خَبَر then translate each of the sentences below into English.

1	اَلْقَلَمُ الرَّخِيْصُ فِي الْفَصْلِ	2	زَيْدٌ عَلٰى سَقْفِ الْمَسْجِدِ
3	اَلْحُوْرُ الْعِيْنُ فِي الْجَنَّةِ	4	اَلْمُدَرِّسُ أَخُوْهُ سَخِيٌّ
5	زَيْدٌ نَصَرَ خَالِدًا	6	زَيْدٌ جَاءَ بِالْهِرَّةِ
7	زَيْنَبُ أُمُّهَا طَبِيْبَةٌ	8	خَالِدٌ يَرْكَبُ الْفَرَسَ
9	دَفْتَرُ مُدِيْرِ الْمَدْرَسَةِ عَلٰى مَكْتَبِهٖ	10	اَلْمُعَلِّمُ سَأَلَ أَسْئِلَةً صَعْبَةً
11	اَلْكِتَابُ فِي الْغُرْفَةِ	12	اَلطَّالِبُ يَطْلُبُ الاِمْتِحَانَ
13	اَلسَّيَّارَةُ لِأَبِيْ	14	اَلْأَوْرَاقُ عَلَى الشَّجَرَةِ

[2] See Section 1.4.4 in Mawlana 'Aamir Bashir's *Tasheel al-Nahw.*

15	اَلدَّرَّاجَةُ فِيْ بَيْتِيْ	16	بَكْرٌ ذَهَبَ إِلَى مَرْكَزِ الْإِدَارَةِ
17	حُسَيْنٌ أُمُّهُ مُهَنْدِسَةٌ	18	اَلْأَمِيْرَةُ فِيْ الْقَصْرِ
19	بَكْرٌ فِيْ الْمَدْرَسَةِ	20	سَعْدٌ كَسَرَ الزُّجَاجَةَ
21	كُلْثُوْمٌ كَتَبَ سِيْرَةَ الْغَزَالِيِّ	22	مُعَاذٌ نَظَّفَ النَّافِذَةَ
23	اَلْقَلَمُ فِيْ حَقِيْبَةِ خَادِمِ الْمُدِيْرِ	24	مِنْدِيْلُ زَيْدٍ فِيْ مَكْتَبِهِ
25	عَمْرٌو فِيْ بُسْتَانٍ جَمِيْلٍ	26	اَلْجَمَلُ مِنَ الصَّحْرَاءِ الْكُبْرَى
27	جَمِيْلٌ يَسْأَلُ سُؤَالًا كَثِيْرًا	28	اَلْمُدِيْرُ يَطْلُبُ الطَّالِبَ
29	هٰذَا الزَّيْتُوْنُ مِنَ الْفِلِسْطِيْنِ	30	اَلشَّمْسُ آيَةٌ مِن آيَاتِ اللهِ
31	هٰذَا الْوَلَدُ أَبُوْهُ النَّجَّارُ	32	عَائِشَةُ مَاتَ أَخُوْهَا

33 اَلسَّائِحُ فِي الْمُتْحَفِ الْقَدِيْمِ

34 اَللّٰهُ بَعَثَ النَّبِيَّ إِلٰى قَرْيَةٍ

35 اَلْأَمِيْرَةُ أَبُوْهَا الْمَلِكُ

36 شُعَيْبٌ يُكْثِرُ الْكَذِبَ فِي الْكَلَامِ

37 اَلزِّرَاعَةُ عِمَادُ الثَّرْوَةِ

38 اَلنَّاسُ بَخَسُوا قِيَمَ الْأَشْيَاءِ

39 اَلسَّيَّارَاتُ كَثِيْرَةٌ فِي الْمَدِيْنَةِ

40 اَللّٰهُ رَقِيْبٌ عَلٰى النَّاسِ

41 زَيْدٌ قَامَ أَمَامَ الْمَدْرَسَةِ

42 مَسْجِدُ دَارِ الْعُلُوْمِ جَمِيْلٌ

43 فَاطِمَةُ جَلَسَتْ عَلٰى الْكُرْسِيِّ

44 اَلْبِنْتُ تَذْهَبُ إِلٰى الْمَدْرَسَةِ

45 اَلْكَلْبُ يَحْرُسُ الْبَيْتَ

46 اَلشُّرْطِيَّانِ قَبَضَا عَلٰى لِصٍّ

47 سَعِيْدٌ قَامَ عَلٰى الْمِنْبَرِ

48 خَادِمُ بَكْرٍ طَبَخَ الطَّعَامَ

49 اَللّٰهُ نَزَّلَ الْفُرْقَانَ

50 اَلْبَنَاتُ أَوْقَدْنَ الْمَوْقِدَ

عَلَامَاتُ الِاسْمِ وَالْفِعْلِ وَالْحَرْفِ

Exercise 1

Identify the عَلَامَاتٌ in each noun (اِسْمٌ) or verb (فِعْلٌ) below then translate into English.

1	بَيْتٌ	2	سَوْفَ يَمْتَحِنُنَا
3	ذَهَبَ	4	اَلْوَلَدُ نَائِمٌ
5	بَغْدَادِيٌّ	6	لَنْ تُقَاتِلُوْا
7	سَيَخْرُجُ	8	رَكِبَ حَامِدٌ
9	فِيْ دَارِيْ	10	يَا زَيْنَبُ
11	أُنْصُرْ	12	رَفَعَتْ
13	كَلِمَةٌ	14	قَدْ قُتِلَ
15	كِتَابَانِ	16	حَمَّالٌ
17	لَمْ يَفْهَمْ	18	شَيْخٌ كَبِيْرٌ
19	قَدْ فَتَحَ	20	فَهْدٌ

Exercise 2

Correct the errors in the words, phrases and sentences below then translate into English.

1	اَلقَّمَرُ	2	عَنْ اَلشَّهْرِ
3	طَالِبَـاتُ	4	مِنْ اَلسَّمَاءِ
5	اَلْنُوْرُ	6	شَرَبَتْ اَلْبِنْتُ
7	عَنْ اَلْمَحِيضِ	8	هُمْ اَلْمُفْلِحُونَ
9	اَلْنَجْمُ	10	أَزَلَّهُمَا اَلشَّيْطَانُ
11	مِنْ اَلْكَافِرِينَ	12	عَنْ اَلْيَتَامَىٰ
13	اَلمِّفْتَاحُ	14	آتَيْتُمْ اَلْزَكَاةَ
15	اَلْوَرَقٌ	16	فَازَتْ اَلْصَدِيْقَةُ
17	اِتَّخَذْتُمْ اَلْعِجْلَ	18	مِنْ اَلخَّاسِرِينَ
19	اَلدَّفْتَرُ	20	شَرِبْتُمْ اَلْمَّاءَ
21	هَبَّتْ اَلرِّيْحُ	22	قَضَيْتُمْ اَلْصَلَاةَ

23	اَلْنَافِذَةُ	24	أَقْلَامٌ كَثِيْرٌ
25	اَلْمِّرْوَحَةُ	26	رَبِحَتْ اَلْتِجَارَةُ
27	هُمْ اَلصَّادِقُوْنَ	28	اَلْأَصْنَامُ لَا تَنْفُعُوْنَ
29	عَنِ اصْحَابِ الْقَرْيَةِ	30	اَلْبَقَرَاتُ سَمِيْنٌ

اَلْحُرُوفُ الْجَارَّةُ

Exercise 1

Analyze and translate into English each of the sentences below.

1	جَلَسَ نُوحٌ فِي الْبَيْتِ	2	سَلِيمٌ رَاجِعٌ مِنَ الْقَرْيَةِ
3	غَسَلْتُ الْيَدَ إِلَى الْمِرْفَقِ	4	أَنْزَلَ اللهُ إِلَى الْإِنسَانِ الْكِتَابَ
5	خَرَجْتَ مِنَ الْمَسْجِدِ	6	خَلَقَ اللهُ الْإِنسَانَ مِنْ عَلَقٍ
7	قُلْتُ لِعَمْرٍو	8	يَقْطَعُ النَّجَّارُ الْخَشَبَ بِالْمِنْشَارِ
9	سَأَلْتُ عَنِ الْمُدَرِّسَةِ	10	يَصْنَعُ النَّجَّارُ مِنَ الْخَشَبِ الْكُرْسِيَّ
11	أَكَلْتُ بِالْمِلْعَقَةِ	12	حَرَّقَتِ النَّارُ كُلَّ مَتَاعٍ عَدَا الْكُتُبِ
13	بَحَثْتُ عَنِ الطِّفْلِ	14	اَلشُّكْرُ لِلّٰهِ
15	ذَهَبْتُ إِلَى الْأُسْتَاذِ	16	يَقُومُ الْحَارِسُ عَلَى بَابِ الْبُسْتَانِ

17	صَلَّيْتُ فِي الْمَسْجِدِ	18	تَجْرِي الْفُلْكُ فِي مَوْجٍ كَالْجِبَالِ
19	سَلَّمْتُ عَلٰى الْمُعَلِّمِ	20	تَاللهِ لَأُسَافِرَنَّ
21	سِرْتُ إِلٰى الْمَدْرَسَةِ	22	هِيَ كَالْحِجَارَةِ
23	جِئْتُ لِزِيَارَتِكَ	24	مَثَلُ الْفَرِيْقَيْنِ كَالْأَعْمٰى
25	زَيْدٌ اسْتَقَرَّ فِي الْمَدْرَسَةِ	26	هُمْ كَالْأَنْعَامِ
27	أَنَا كَاتِبٌ بِالْقَلَمِ	28	انْتَظَرْتُهُ مُذْ عِشرِينَ يومًا
29	أَخَذْتُ مِنْهُ الْقَلَمَ	30	رُبَّ ضَارَّةٍ نَافِعَةٌ

Exercise 2

Write the sentences below by filling in the blanks with an appropriate حَرْفُ جَرٍّ.

1	اَلطِّفْلَةُ ــــ زَهْرَةٍ	2	اَلْمُدِيْرُ ــــ الْمَكْتَبِ
3	اَلْقَلَمُ ــــ الطَّالِبَةِ	4	اَلْحُجَّاجُ رَاجِعُوْنَ ــــ مَكَّةَ
5	اَلنُّقُوْدُ ــــ الْمِحْفَظَةِ	6	ــــ الْجِبَالِ قُرًى صَغِيْرَةٌ
7	اَلثَّوْبُ ــــ الْحَرِيْرِ	8	اَلطَّائِرَةُ أَسْرَعُ ــــ الْقِطَارِ
9	اَلْكُتُبُ ــــ الْمُطَالَعَةِ	10	اَلْبِنْتُ جَالِسَةٌ ــــ السَّجَّادَةِ
11	ــــ الْمَسْجِدِ بَابٌ كَثِيْرٌ	12	ــــ الْمَدِيْنَةِ مَتْحَفٌ قَدِيْمٌ
13	اَلْأُمُّ ــــ الْمَطْبَخِ	14	اَلْأَطْفَالُ نَاظِرُوْنَ ــــ الْمُبَارَاةِ
15	اَلْأَقْلَامُ ــــ الْأُسْتَاذِ	16	كَنَدَا أَجْمَلُ ــــ أَمْرِيْكَا
17	اَلْمَطَرُ نَازِلٌ ــــ السَّمَاءِ	18	اَلطَّالِبُ نَاجِحٌ ــــ الْاِمْتِحَانِ
19	هُنَاكَ ازْدِحَامٌ ــــ الطَّرِيْقِ	20	اَلْمُسَافِرُ ذَاهِبٌ ــــ الْمَدِيْنَةِ

اَلْحُرُوْفُ الْمُشَبَّهَةُ بِالْفِعْلِ

Exercise 1

Analyze and translate into English each of the sentences below.

1	إِنَّ الرِّيْحَ شَدِيْدَةٌ	2	لَعَلَّ الْعُمَّالَ مُتْعَبُوْنَ
3	إِنَّ الْبَخِيْلَ عَدُوٌّ لِنَفْسِهِ	4	إِنَّ الْفَتَيَاتِ مُهَذَّبَاتٌ
5	إِنَّ الْهَوَاءَ الطَّلْقَ مُفِيْدٌ	6	إِنَّ اللّٰهَ يَأْمُرُ بِالْعَدْلِ
7	سَرَّنِيْ أَنَّ النَّتِيْجَةَ حَسَنَةٌ	8	إِنَّ السَّفِيْنَةَ تَجْرِيْ عَلَى الْيَبْسِ
9	كَأَنَّ الشَّمْسَ قُرْصٌ مِنَ الذَّهَبِ	10	كَأَنَّ أُذُنَيِ الْفِيْلِ مِرْوَحَتَانِ
11	اَلرَّجُلُ بَخِيْلٌ لٰكِنَّ ابْنَهُ جَوَادٌ	12	إِنَّ الْحَسَنَاتِ يُذْهِبْنَ السَّيِّئَاتِ
13	إِنَّ الْمُجِدِّيْنَ فَائِزُوْنَ	14	إِنَّ الْأُمَّهَاتِ يُهَذِّبْنَ الْبَنَاتِ
15	لَيْتَ النَّاسَ مُنْصِفُوْنَ	16	إِنَّ الْفُقَرَاءَ كَثِيْرُوْنَ

17	لَيْتَ الْحَيَاةَ خَالِيَةٌ مِنَ الكَدَرِ	18	إِنَّ الْجَاهِلَ يُسِيْءُ إِلٰى نَفْسِهِ
19	لَعَلَّ الْقِطَارَ مُتَأَخِّرٌ	20	لَيْتَكُمْ تَجْتَهِدُوْنَ قَبْلَ الِامْتِحَانِ

Exercise 2

Rewrite each sentence below by entering the اَلْحُرُوْفُ الْمُشَبَّهَةُ بِالْفِعْلِ provided (in parentheses) to it and then translate it into English.

1	اَلْحُجَّاجُ قَادِمُوْنَ (لَعَلَّ)	2	اَلشَّارِعُ وَاسِعٌ (لَيْتَ)
3	اَلْمُعَلِّمُوْنَ آبَاءٌ (كَأَنَّ)	4	اَلْبَطَّةُ سَمِيْنَةٌ (لَيْتَ)
5	اَلْأَرْضُ كُرَةٌ (كَأَنَّ)	6	اَلْبَائِعُ أَمِيْنٌ (لَيْتَ)
7	عِنْدِيْ مَالٌ كَثِيْرٌ (لَيْتَ)	8	اَلنُّجُوْمُ لَامِعَةٌ (إِنَّ)
9	اَلسَّعَادَةُ دَائِمَةٌ (لَيْتَ)	10	اَلسَّيَّارَةُ سَرِيْعَةٌ (إِنَّ)
11	عَلِمْتُ ـــ الصِّدْقُ طُمَأْنِيْنَةٌ (أَنَّ)	12	اَلْبَعُوْضُ كَثِيْرٌ (إِنَّ)
13	اَلْبَسَاتِيْنُ مُثْمِرَةٌ (لَعَلَّ)	14	اَلشِّتَاءُ مُقْبِلٌ (إِنَّ)
15	اَلِامْتِحَانُ سَهْلٌ (لَعَلَّ)	16	اَلْعُطْلَةُ قَرِيْبَةٌ (لَيْتَ)
17	اَلضُّيُوْفُ مَوْجُوْدُوْنَ ـــ الْمُضِيْفُ غَائِبٌ (لٰكِنَّ)	18	اَلْبَحْرُ هَادِئٌ (لَيْتَ)
19	حَالُ الْمَرِيْضِ سَيِّئَةٌ (لَعَلَّ)	20	اَلْبَيْتُ جَدِيْدٌ ـــ الْأَثَاثُ قَدِيْمٌ (لٰكِنَّ)
21	اَلْجَمَلُ صَبُوْرٌ (إِنَّ)	22	يَسُرُّنِيْ ـــ الزَّهْرَةَ نَاضِرَةٌ (أَنَّ)

23	اَلْهَرَمُ قَدِيْمٌ (إِنَّ)	24	اَلْقِصَّةُ رائِعَةٌ (لَعَلَّ)
25	عَلِمْتُ ـــ الِامْتِحَان قَرِيْبٌ (أَنَّ)	26	اَلْخَبَرُ صَحِيْحٌ (لَعَلَّ)
27	شَبَّتِ النَّارُ ـــ الْخَسَائِر قَلِيْلَةٌ (لٰكِنَّ)	28	اَلدَّرْس سَهْلٌ (لَعَلَّ)
29	اَلدَّرَاهِمُ كَثِيْرَةٌ (لَيْتَ)	30	اَلْكُوْبُ نَظِيْفٌ (لَعَلَّ)

اَلْأَفْعَالُ النَّاقِصَةُ

Exercise 1

Analyze and translate into English each of the sentences below.

1	كَانَ مَحْمُوْدٌ شُجَاعًا	2	كَانَ الزِّحَامُ شَدِيْدًا
3	لَيْسَ الْمَيْدَانُ فَسِيْحًا	4	صَارَ الثَّوْبُ قَصِيْرًا
5	أَصْبَحَ الْحِصَانُ جَائِعًا	6	أَصْبَحَ النَّهِمُ مَرِيْضًا
7	أَمْسَى الْغَنِيُّ فَقِيْرًا	8	أَمْسَتِ الزَّهْرَةُ ذَابِلَةً
9	صَارَ الْأَوَّلُ آخِرًا	10	أَضْحَى الْغَمَامُ كَثِيْفًا
11	أَضْحَى السَّجِيْنُ طَلِيْقًا	12	أَضْحَى الشَّارِعُ مُزْدَحِمًا
13	بَاتَ الْكَلْبُ نَائِمًا	14	ظَلَّ الْغُبَارُ ثَائِرًا
15	ظَلَّ الْعِنَبُ كَثِيْرًا	16	يُصْبِحُ الْمِدَادُ جَافًّا
17	كَانَ الدُّخَانُ مُتَصَاعِدًا	18	بَاتَ الْمِصْبَاحُ مُتَّقِدًا
19	صَارَ الْكَبْشُ سَمِينًا	20	يَبِيْتُ الْقِطَارُ سَائِرًا

Exercise 2

Enter the اَلْأَفْعَالُ النَّاقِصَةُ in parentheses to each sentence then translate into English.

1	اَلْحَارِسُ مُسْتَيْقِظٌ (كَانَ)	2	اَلْجِدَارُ مَائِلٌ (لَيْسَ)
3	اَلْحَوْضُ مُمْتَلِئٌ (كَانَ)	4	اَلْعُصْفُوْرُ مَغَرِّدٌ (أَصْبَحَ)
5	اَلْبَابُ مَفْتُوْحٌ (كَانَ)	6	اَللَّبَنُ خَاثِرٌ (أَصْبَحَ)
7	اَلْعَامُ حَارٌّ (كَانَ)	8	اَلْوَرْدُ مُفَتَّحٌ (أَصْبَحَ)
9	اَلْمِفْتَاحُ ضَائِعٌ (كَانَ)	10	اَلتِّلْمِيْذُ نَشِيْطٌ (أَصْبَحَ)
11	اَلْخَادِمُ نَائِمٌ (كَانَ)	12	اَلْمَاءُ جَامِدٌ (أَصْبَحَ)
13	اَلْحِصَانُ مُسْرَجٌ (كَانَ)	14	اَلضَّبَابُ كَثِيْفٌ (أَصْبَحَ)
15	اَلشَّجَرُ مُوْرِقٌ (صَارَ)	16	اَلنِّيْلُ فَائِضٌ (أَصْبَحَ)
17	اَلْهَوَاءُ بَارِدٌ (صَارَ)	18	اَلدُّخَانُ مُتَصَاعِدٌ (كَانَ)
19	اَلْجَوُّ حَارٌّ (صَارَ)	20	اَلْمَطَرُ غَزِيْرٌ (ظَلَّ)
21	اَلثَّمَرُ نَاضِجٌ (صَارَ)	22	اَلنُّورُ ضَعِيْفٌ (صَارَ)
23	اَلْقَمَرُ خاسِفٌ (صَارَ)	24	اَلْأَوَّلُ آخِرٌ (صَارَ)

25	اَلْبِنَاءُ قَوِيٌّ (لَيْسَ)	26	اَلْعِنَبُ زَبِيْبٌ (صَارَ)
27	اَلْأَمْرُ هَيِّنٌ (لَيْسَ)	28	اَلزُّجَاجُ مَكْسُوْرٌ (لَيْسَ)
29	اَلْحَبْلُ مَتِيْنٌ (لَيْسَ)	30	اَلْمَرِيْضُ مُتَأَلِّمٌ (بَاتَ)

اَلْمُعْرَبُ وَ الْمَبْنِيُّ

Exercise 1

Identity each word below as اَلْمُعْرَبُ or الْمَبْنِيُّ then translate into English.

1	هَـٰذَا	2	هُوَ
3	سَمِعَ	4	كَانَتْ
5	بَيْتٌ	6	صَالِحَةٌ
7	أَنْفٌ	8	لَيَفْعَلْنَانِّ
9	لَيَفْعَلَنَّ	10	مَا
11	يَضْرِبْنَ	12	أَنَا
13	تَضْرِبُوْنَ	14	قَاضٍ
15	أَبٌ	16	مَنْ
17	فِيْ	18	اِنْتَصِرْ
19	ذَلِكَ	20	يَكْتُبُ

21	إِذَا	22	يَفْهَمُ
23	قَالُوْا	24	اِفْتَحْ
25	إِنَّ	26	عَنْ
27	ضَالُّوْنَ	28	أَكْرِمْ
29	تَضْرِبْنَ	30	هَيْهَاتَ

أَقْسَامُ الْأَسْمَاءِ الْمَبْنِيَّةِ

اَلضَّمَائِرُ

Exercise 1

Analyze and translate the following sentences into English. Be sure to identify all the اَلضَّمَائِرُ by indicating whether they are (a) بَارِزٌ or مُسْتَتِرٌ and (b) مُتَّصِلٌ or مُنْفَصِلٌ. Also indicate their states (مَجْرُوْرٌ-مَنْصُوْبٌ-مَرْفُوْعٌ).

1	أَنَا سَامِعٌ	2	أَنْتُمْ نُجَبَاءُ
3	سَافَرْتُ إِلَى دَارِكُمَا	4	إِيَّاكَ يَحْتَرِمُ النَّاسُ
5	نَحْنُ مُطِيْعُوْنَ	6	اَلسَّاعَةُ دَقَّتْ ثَلَاثًا
7	أَنْتَ مُجْتَهِدٌ	8	نَحْنُ رَاضُوْنَ بِكُنَّ
9	ذَهَبْنَا إِلَى الْمَلْعَبِ	10	أَنْتُمْ تُحِبُّوْنَ الْمَدْرَسَةَ
11	أَنْتِ نَظِيْفَةٌ	12	هُنَّ صَدِيْقَاتٌ لَكِ
13	هُوَ طَاهِرُ الْقَلْبِ	14	حَسَنٌ يُحِبُّهُ أَبُوْهُ
15	اِنْتَصِرِ الْحَقَّ	16	أَنْتُمَا تُغِيْثَانِ الْمَلْهُوْفَ
17	هِيَ مُهَذَّبَةٌ	18	أَخَذَ عَلِيٌّ مِنِّيْ رِسَالَةً إِلَيْكَ

19	أَخْلِصُوْا فِي الْعَمَلِ	20	أُرِيْدُ أَنْ تَجْتَهِدَ
21	اَلسَّيِّدَاتُ يُهَذِّبْنَ الْأَوْلَادَ	22	اَلشُّرْطِيُّ يَقْبِضُ عَلَى اللِّصِّ
23	إِيَّايَ مَدَحَ الْمُدَرِّسُ	24	أُحِبُّ بَلَدِيْ
25	نَفَعَنِيْ نُصْحُ أَخِيْ	26	اَلْعُصْفُوْرُ طَارَ مِنَ الْقَفَصِ
27	اَلْجَمَلُ بَرَكَ	28	اَلْكَلْبُ يَنْبَحُ
29	ظَنَّ الرَّجُلُ سَعِيْدًا إِيَّاكَ	30	اَلْبِنْتُ تُحْسِنُ الطَّبْخَ

اَلْأَسْمَاءُ الْمَوْصُوْلَةُ

Exercise 1

Analyze and translate the following sentences into English.

1 غَلَبْتَ الَّذِيْ غَلَبَنِيْ	2 إِنَّ الَّتِيْ عَلَى الْبَابِ أُخْتُ أُمَامَةَ
3 سَافَرَتِ الَّتِيْ كَانَتْ عِنْدَنَا	4 قَابَلْتُ اللَّوَاتِيْ رَأَيْتُهُنَّ فِي الْحَفْلَةِ
5 حَضَرَ اللَّذَانِ كَانَا مُسَافِرَيْنِ	6 سَلَّمْتُ عَلَى الَّذَيْنِ نَجَحَا فِي الِامْتِحَانِ
7 جَاءَتِ اللَّتَانِ تَسْكُنَانِ أَمَامَنَا	8 اَلَّذِيْنَ سَافَرُوْا مَعَنَا صَالِحُوْنَ
9 أُحِبُّ الَّذِيْنَ عَلَّمُوْنِيْ	10 كَافَأْتُ الطَّالِبَتَيْنِ اللَّتَيْنِ نَجَحَتَا فِي الِامْتِحَانِ
11 رَأَيْتُ اللَّائِيْ يَشْتَغِلْنَ فِي الْمَصْنَعِ	12 وَجَدْتُ مَا فَقَدْتُهُ
13 أَحْسِنْ إِلَى مَنْ أَحْسَنَ إِلَيْكَ	14 رَبِّيَ الَّذِيْ خَلَقَنِيْ
15 لَا تَأْكُلْ مَا لَا تَسْتَطِيْعُ هَضْمَهُ	16 أَعْجَبَتْنِي الْفَتَاةُ الصَّالِحَةُ الَّتِيْ تَمَسَّكَتْ بِأَحْكَامِ الشَّرْعِ

17 جَاءَ اللَّذَانِ غَابَا	18 هُمَا الْفَتَاتَانِ اللَّتَانِ تَمَسَّكَتَا بِأَحْكَامِ الشَّرْعِ
19 وَدَّعْتُ اللَّتَيْنِ زَارَتَا مَنْزِلَنَا	20 جَاءَنِي الضَّارِبُ بَكْرًا
21 رَأَيْتُ الَّذِيْنَ فَازُوْا	22 نَظَرَتْ إِلَى الْكِتَابِ الْمُفِيْدِ الَّذِيْ أَرْسَلْتُهُ إِلَيْهَا
23 اَلَّذِيْ يُعَلِّمُنَا مُخْلِصٌ	24 سَيَذَّكَّرُ مَن يَخْشَىٰ
25 إِنَّ الَّتِيْ تَتَصَدَّقُ مَحْبُوْبَةٌ	26 أَرَأَيْتَ الَّذِي يُكَذِّبُ بِالدِّينِ
27 زَجَرْتُ الْكَلْبَيْنِ الَّذَيْنِ يَنْبَحَانِ طُوْلَ اللَّيْلِ	28 اُدْخُلُوا الْأَرْضَ الْمُقَدَّسَةَ الَّتِي كَتَبَ اللَّهُ لَكُمْ
29 كَافَأْتُ مَنْ نَجَحَ فِي الِامْتِحَانِ	30 شَهْرُ رَمَضَانَ الَّذِي أُنزِلَ فِيهِ الْقُرْآنُ

أَسْمَاءُ الْإِشَارَةِ

Exercise 1

Analyze and translate the following sentences into English.

1	هَـٰذَا كِتَابٌ نَافِعٌ	2	إِنَّ هَاتَيْنِ بِنْتَانِ مُطِيْعَتَانِ
3	هَـٰذَا رَجُلٌ شَرِيْفٌ	4	خُذْ هَـٰذِهِ
5	هَـٰذِهِ حُجْرَةٌ وَاسِعَةٌ	6	اُنْظُرْ إِلَى هَاتَيْنِ
7	هَـٰذَانِ وَلَدَانِ مُهَذَّبَانِ	8	هَـٰؤُلَاءِ مُجْتَهِدُوْنَ
9	إِنَّ هَـٰذَيْنِ فَائِزَانِ	10	هَـٰذَانِ قَلَمَانِ
11	هَاتَانِ وَرْدَتَانِ مُفَتَّحَتَانِ	12	تِلْكَ آيَاتُ اللَّـهِ
13	أُولَـٰئِكَ تُجَّارٌ صَادِقُوْنَ	14	أُولَـٰئِكَ عَلَىٰ هُدًى مِّن رَّبِّهِمْ
15	هَـٰذَانِ تَاجِرَانِ أَمِيْنَانِ	16	ذَٰلِكَ الْيَوْمُ الْحَقُّ

17	هَـٰؤُلَاءِ صُنَّاعٌ مَاهِرُوْنَ	18	أَنْظِرُوا هَـٰذَيْنِ حَتَّى يَصْطَلِحَا
19	هَـٰؤُلَاءِ تِلْمِيْذَاتٌ لَطِيْفَاتٌ	20	لَا تَقْرَبَا هَـٰذِهِ الشَّجَرَةَ

Exercise 2

Write the sentences below by filling in the blanks with an اسْمُ الْإِشَارَةِ لِلْبَعِيْدِ.

1	ــــ زُجَاجَاتٌ	2	ــــ مُعَلِّمَتَانِ
3	ــــ عُصْفُوْرَانِ	4	ــــ زَيْدٌ
5	ــــ تَاجِرُوْنَ	6	ــــ تِلْمِيْذَاتٌ
7	ــــ غَابَتَانِ	8	ــــ حَارِسُوْنَ
9	ــــ مُعَلِّمَانِ	10	ــــ غُرَفٌ

أَسْمَاءُ الْأَفْعَالِ

Exercise 1

Analyze and translate the following sentences into English.

1	حَيَّ عَلَى خَيْرِ الْعَمَلِ	2	دُوْنَكَ الْقَلَمَ
3	دُونَكَ الْكِتَابَ	4	رُوَيْدَكَ إِذَا سِرْتَ
5	هَيْهَاتَ الْأَمَلُ إِذَا لَمْ يُسْعِدْهُ الْعَمَلُ	6	حَيَّ عَلَى الْفَلَاحِ
7	صَهْ إِذَا تَكَلَّمَ غَيْرُكَ	8	حَيَّهَلْ عَلَى فِعْلِ الْخَيْرِ
9	عَلَيْكَ نَفْسَكَ	10	هَلُمَّ إِلَى الْغَدَاءِ الْمُبَارَكِ

اَلظُّرُوْفُ

Exercise 1

Analyze and translate the following sentences into English.

1	رَأَيْتُ عُشَّ الْغُرَابِ فَوْقَ الشَّجَرَةِ	2	سَلِيْمٌ عَائِدٌ مِنْ مِصْرَ بَعْدَ الْعِيْدَ
3	قَامَ الْمُصَلُّوْنَ خَلْفَ الْإِمَامِ	4	جَلَسَتِ الْهِرَّةُ تَحْتَ الْمَائِدَةِ
5	جَلَسْتُ عِنْدَ الْمُدِيْرِ سَاعَةً	6	نَامَ الْكَلْبُ خَلْفَ الْبَابِ
7	قَابَلْتُ زَيْدًا فِي الْمَدْرَسَةِ أَمْسِ	8	يَثِبُ اللِّصُّ فَوْقَ الْجِدَارِ
9	قَدَّمْتُ الِامْتِحَانَ قَبْلَ رَمَضَانَ	10	صَعِدْنَا فَوْقَ الْأَهْرَامِ

اَلْكِنَايَاتُ

Exercise 1

Analyze and translate the following sentences into English.

1	كَمْ يَوْمًا فِي السَّنَةِ	2	فَعَلَ الرَّجُلُ كَيْتَ وَكَيْتَ
3	اِشْتَرَيْتُ كَذَا كُتُبًا	4	اِبْتَعْتُ كَذَا كَذَا قَلَمًا
5	كَمْ رَجُلًا عِنْدَكَ	6	سَلَّمْتُ عَلَى كَذَا ضَيْفًا
7	كَمْ مِنْ مَالٍ أَنْفَقْتُهُ	8	بِكَمْ دِينَارًا اشْتَرَيْتَ الْمَنْزِلَ
9	جَاءَ كَذَا طَالِبًا	10	كَمْ سَنَةً مِنْ حَيَاتِيْ طَوَيْتُ فِي غَفْلَةٍ

أَقْسَامُ الْأَسْمَاءِ الْمُعْرَبَةِ

Exercise 1

In the following غَيْرُ مُنْصَرِفٍ words, state all the أَسْبَابُ مَنْعِ الصَّرْفِ found in each.

1	سُعَادُ	2	غَضبَانُ
3	عَطْشَانُ	4	شَبعَانُ
5	لَندَنُ	6	زُحَلُ
7	نُيويُوركُ	8	لِيفَربُولُ
9	عَصَافِيرُ	10	سَحْبَانُ
11	عُثمَانُ	12	يَثْرِبُ
13	يَزِيدُ	14	شَقرَاءُ
15	أَحمَدُ	16	فَيحَاءُ
17	عُمَرُ	18	زَرقَاءُ
19	أَسبَقُ	20	نُعْمَى

21	مَدَارِسُ	22	أَجمَلُ
23	صَحرَاءُ	24	مُضَرُ
25	زَينَبُ	26	حُلوَانُ
27	مُعَاوِيَةُ	28	خَضرَاءُ
29	سُفيَانُ	30	تَقوَى

إِعْرَابُ أَقْسَامِ الْأَسْمَاءِ الْمُعْرَبَاتِ

Exercise 1

Enter أَبٌ (from the اَلْأَسْمَاءُ السِّتَّةُ الْمُكَبَّرَةُ) in each of the blanks below such that its إِعْرَابٌ is reflected correctly then translate each sentence into English.

1	جَاءَ ــــ سَعِيْدٍ	2	كَانَ ــــ كُمْ رَجُلًا حَازِمًا
3	وَعَدْنَا ــــ سَعِيْدٍ	4	لَعَلَّ ــــ كُمَا طَبِيْبٌ مَاهِرٌ
5	رَضِيْنَا عَنْ ــــ سَعِيْدٍ	6	رَضِيَ النَّاسُ عَنْ ــــ كَ
7	ــــ كَ طَبِيْبٌ مَاهِرٌ	8	لَعَلَّ الْقَادِمَ ــــ زَيْدٍ
9	يُحِبُّ النَّاسُ ــــ كِ	10	إِنَّ ــــ عَمْرٍو رَجُلٌ شَرِيْفٌ

Exercise 2

Enter ذُوْ (From the اَلْأَسْمَاءُ السِّتَّةُ الْمُكَبَّرَةُ) in each of the blanks below such that its إِعْرَابٌ is reflected correctly then translate each sentence into English.

1	ــــ الْعِلْمِ مُحْتَرَمٌ	2	إِنَّ لِيْ أَخًا ــــ خُلُقٍ كَرِيْمٍ
3	ــــ الْخُلُقِ مَحْبُوْبٌ	4	ــــ الْكَرَمِ مَحْبُوْبٌ فِيْ قَوْمِهِ
5	سَأَلْتُ ــــ الْعِلْمِ	6	هٰذَا الْمَالُ لِــــ الْحَاجَةِ

7	إِحْتَرَمْتُ ـــ الخُلُقِ	8	ذَهَبْتُ إِلَى ـــ العِلْمِ
9	أَخَذْتُ الْعِلْمَ مِنْ ـــ الْعِلْمِ	10	هُوَ ـــ مَالٍ

Exercise 3

Analyze (be sure to identify the (اَلْأَسْمَاءُ السِّتَّةُ الْمُكَبَّرَةُ) and translate into English the following sentences.

1	ذُوْ الْمَالِ مَحْسُوْدٌ	2	اِعطِفْ عَلَى أَخِيكَ الأَصغرِ
3	لَا تَضَعْ أُصْبعَكَ فِي فِيكَ	4	ضَعْ يدَكَ على فِيكَ عِندَ التَّثَاؤُبِ
5	عَظِّمْ حَمَا أخيكَ كَمَا تُعَظِّمُ أباكَ	6	اِغْسِلْ فَاكَ بَعدَ كُلِّ طَعَامٍ
7	حَمُوكَ ذو جاهٍ عظيمٍ	8	حَضَرَ أخو عَلِيٍّ
9	اِحتَرِمْ أخاكَ الأَكبَرَ	10	يُحِبُّ النَّاسُ كُلَّ ذِي مُرُوْءَةٍ

Exercise 4

Analyze (be sure to identify the اَلِاسْمُ الْمَقْصُوْرُ or اَلِاسْمُ الْمَنْقُوْصُ in each) and translate into English the following sentences.

1	عَدَلَ القاضِي	2	أَصْغَيْتُ إلى داعٍ
3	نَزَلَتِ الْوادِي	4	جادَ الْحَيَا
5	نَظَرْتُ إلى الرّاعِي	6	اِفْتَرَشْتُ الثَّرَى
7	نادَى منادٍ	8	نَظَرْتُ إلى الْبَحرِ
9	نَصَحْتُ باغِيًا	10	جاءَ فَتًى

Exercise 5

Use each word below by converting it into a اَلْجَمعُ السَّالِمُ then use it in a sentence beginning with the verb رَأَيْتُ (for example رَأَيْتُ الصَّادِقِيْنَ) then translate into English.

1 الْبائِعُ	2 الحارِسُ
3 الْمُجتهِدُ	4 المُقصِّرُ
5 النجَّارُ	6 المُجرِمُ
7 الصَّيَّادُ	8 العامِلُ
9 السَّارِقُ	10 الكاذِبُ

Exercise 6

Use each word below by converting it into a اَلْجَمْعُ السَّالِمُ then use it in a sentence beginning with the verb مَرَرْتُ بِـ (for example مَرَرْتُ بِـالصَّادِقِيْنَ) then translate into English.

1	دجَاجَةٌ	2	المُحسِنُ
3	بقَرَةٌ	4	السائِحُ
5	شجَرَةٌ	6	المعلِّمُ
7	ثمَرَةٌ	8	الزائِرُ
9	الآنِسَةُ	10	المصَوِّرُ
11	الوَرْدَةُ	12	الخَبَّازُ
13	العاقِلَةُ	14	مُنتَبِهٌ
15	السمَكَةُ	16	الحارِسُ

	مَسرُورٌ		الفَلَّاحُ
17		18	
	المُخلِصُ		لاعِبٌ
19		20	

اَلِاسْمُ الْمَنْسُوْبُ

Exercise 1

Convert each word below into اَلِاسْمُ الْمَنْسُوْبُ.

1	مَالِكٌ	2	تَقِيٌّ
3	مُوْسٰى	4	مُجْتَبٰى
5	دِهْلِيْ	6	حَمْرَاءُ
7	مِصْرُ	8	شَقِيٌّ
9	مُتَوَلّٰى	10	حَدِيْقَةٌ
11	غَنِيٌّ	12	إِلٰهٌ
13	طُوْبٰى	14	هُذَيْلٌ
15	كُوْفَةٌ	16	كُرْسِيٌّ
17	سُنَّةٌ	18	يَحْيٰى
19	أُخْتٌ	20	مُشْتَرٰى

Exercise 2

Analyze (be sure to identify the اَلِاسْمُ الْمَنْسُوْبُ in each) and translate into English the following sentences.

1	هٰذَا رَجُلٌ مِصْرِيٌّ	2	هُوَ رَجُلٌ كُوْفِيٌّ
3	الطَّيْرُ خَلْقٌ شَجَرِيٌّ	4	ضَرَبْتُه ضَرْبًا مُوْسَوِيًّا
5	اللِّسَانُ الْعَرَبِيُّ جَمِيْلٌ	6	الْإِنْسَانُ خَلْقٌ أَرْضِيٌّ
7	أَحَبُّ صِبْغَةً حَمْرَاوِيَّةً	8	كُنْ عَالِمًا رَبَّانِيًّا
9	السَّمَكُ خَلْقٌ مَائِيٌّ	10	سَافَرَ أَبِي بِجَمَاعَةٍ عِلْمِيَّةٍ

اِسْمُ التَّصْغِيْرُ

Exercise 1

Convert each word below into اِسْمُ التَّصْغِيْرُ.

1	رَجَلٌ	2	كِتابٌ
3	جَعْفَرٌ	4	أَبٌ
5	سَفَرْجَلٌ	6	أَخٌ
7	قِرْطَاسٌ	8	صَنَمٌ
9	شَمْسٌ	10	فَضْلٌ
11	اِبْنٌ	12	ذِئْبٌ
13	وَلَدٌ	14	أُمَّةٌ
15	بُرْتُقَالٌ	16	دِرْهَمٌ
17	إِرْصَادٌ	18	بُسْتَانٌ
19	فِرْقَةٌ	20	كَلْبٌ
21	عُصْفُوْرٌ	22	سَفَرٌ

23	عَقْرَبٌ	24	فَأْرٌ
25	سُلْطَانٌ	26	وَالِدَةٌ
27	قَمَرٌ	28	ثَمَرٌ
29	حَسَنٌ	30	حَرَكَةٌ

Exercise 2

Analyze (be sure to identify the اِسْمُ التَّصْغِيرُ in each) and translate into English the following sentences.

1	رَأَيْنَا جُبَيْلًا عَلَى الطَّرِيْقِ	2	أَنَا عُبَيْدُ اللهِ
3	عُمَرُ فِي الْبُسَيْتِيْنِ	4	كَتَبَ عَلَى قُرَيْطِيْسٍ
5	فُوَيْقَ الْبَابِ سَاعَةٌ جَمِيْلَةٌ	6	مَا نَكَثْتُ الْقُسَيْمَ
7	فِي الْقَرْيَةِ نُهَيْرٌ	8	صَمْتُ فِيْ سُفَيْرِيْ
9	خَرَجْتُ قُبَيْلَ الْفَجْرِ	10	مَلَكَ أَبِيْ أُرَيْضَةً خَلْفَ بَيْتِنَا

الْمَعْرِفَةُ وَالنَّكِرَةُ

Exercise 1

Identify each word as النَّكِرَةُ or الْمَعْرِفَةُ. For those that are الْمَعْرِفَةُ, state the type as well.

1	رَجُلٌ	2	زَيْدٌ
3	هُمْ	4	وَلَدٌ
5	جَعْفَرٌ	6	فَاطِمَةُ
7	هٰذَا	8	هٰؤُلَاءِ
9	الرَّجُلُ	10	رَبٌّ
11	اللهُ	12	الطَّالِبُ
13	مَكَّةُ	14	النَّحْوُ
15	مَكِّيٌّ	16	الْكَلَامُ
17	هِيَ	18	مِلْحٌ
19	الْكِتَابُ	20	عِرَاقٌ
21	ثَوَابٌ	22	زَيْنَبُ

23	الْجَنَّةُ	24	عَمْرٌو
25	ذٰلِكَ	26	أَنَا
27	نَحْنُ	28	أَخٌ
29	القِطُّ	30	هَاتَانِ

Exercise 2

Analyze (be sure to identify the النَّكِرَةُ or الْمَعْرِفَةُ with its type in each) and translate into English the following sentences.

1	يَا إِبْرَاهِيمُ	2	هُوَ الَّذِيْ خَلَقَكُمْ
3	جَاءَ الْأَعْرَابُ	4	هٰذَا بَيْتٌ
5	ذٰلِكَ خَيْرٌ	6	اَلْكَعْبَةُ بَيْتُ اللهِ
7	هُوَ مَعَكُمْ	8	لَا تَجْلِسْ عَلٰى فِرَاشِ الْمُدَرِّسِ
9	يَا غُلَامُ	10	هٰذَا قَلَمِيْ
11	سَافَرْتُ إِلَى الْمَدِيْنَةِ	12	اَلَّذِيْنَ آمَنُوْا فِي الْجَنَّةِ
13	هٰذَا خَلْقُ اللهِ	14	أَكْرِمْ مَنْ أَكْرَمَكَ
15	رَأَيْتُ رَجُلَيْنِ	16	هٰذَا قَوْلُ الَّذِيْنَ عَلِمُوْا

17	العِلْمُ نُوْرٌ	18	جَاءَ حَمِيْدُ الْعَالِمُ
19	مُحَمَّدٌ رَسُوْلُ اللهِ	20	حَامِدٌ طَالِبٌ مُجْتَهِدٌ

اَلِاسْمُ الْمُذَكَّرُ وَالْمُؤَنَّثُ

Exercise 1

Identify the عَلَامَةُ التَّأْنِيْثِ in each اَلِاسْمُ الْمُؤَنَّثُ below.

1	أَمِينَةٌ	2	سَكِينَةٌ
3	صَحراءُ	4	ساقٌ
5	ذَكِيَّةٌ	6	سُعدَى
7	خَضراءُ	8	بِنتٌ
9	غَضْبَى	10	نَظِيفَةٌ
11	الشَّامُ	12	السَّاعَةُ
13	سَمْرَاءُ	14	بَغدادُ
15	فَخِذٌ	16	الحُجرةُ
17	مَريمُ	18	كَتِفٌ
19	زَهراءُ	20	الرَّكبةُ

Exercise 2

Analyze (be sure to identify the عَلَامَةُ التَّأْنِيْثِ in each اَلِاسْمُ الْمُؤَنَّثُ) and translate into English the following sentences.

1	تُحسِنُ خَديجةُ الطَّهْيَ	2	تَشتَرِي سَلمَى فَاكِهَةً
3	نَجَحَتِ الْمُجتَهِدةُ	4	أَحَبَّتِ الصُّغرَى الْكُبرَى
5	تَرقُصُ الدُّبَّةُ	6	ضَلَّتِ الْعَمياءُ الطَّريقَ
7	رَقدتِ الدَّجَاجةُ	8	تُطِيعُ أَسماءُ زَوجَهَا
9	حَازَتْ لَيلَى جَائِزَةً	10	تَعتَنِي زَينبُ بِمَلابِسِهَا

وَاحِدٌ وَتَثْنِيَةٌ وَجَمْعٌ

Exercise 1

Convert each وَاحِدٌ below into تَثْنِيَةٌ.

1	بابٌ	2	ذَكِيٌّ
3	شَجَرَةٌ	4	حَدِيقَةٌ
5	طَرِيقٌ	6	نَهرٌ
7	عُصفُورٌ	8	كِتابٌ
9	كَرِيمٌ	10	وَرَقَةٌ

Exercise 2

Convert each جَمْعٌ below into وَاحِدٌ.

1	نُجُومٌ	2	حُجُرَاتٌ
3	بَسَاتِيْنُ	4	فَنَادِقُ
5	مُؤمِنَاتٌ	6	جُنُودٌ

7	بِحَارٌ	8	أَطِبَّاءُ
9	سُفُنٌ	10	مُخْتَرِعُونَ

Exercise 3

Analyze (be sure to identify all the تَثْنِيَةٌ and جَمْعٌ) and translate into English the following sentences.

1	نَادَيتُ البَائِعِينِ	2	أَرضُ الحُجرَةِ مَفرُوشَةٌ بِالبُسُطِ الفَارِسِيَّةِ
3	تَعِبَ العُمَّالُ	4	فِي الحُجرَةِ أَرَائِكُ مَصفُوفَةٌ
5	ذَهَبتُ مَرَّةً لِزِيَارَةِ صَدِيقٍ	6	فِي أَحَدِ جَوَانِبِ الحُجرَةِ خِزَانَةُ كُتُبٍ غَرِيبَةٍ
7	أَدخَلَنِي صَدِيقِي فِي حُجرَةٍ لَهَا ثَلَاثَةُ شَبَابِيكَ وَبَابَانِ	8	رَأَيتُ هُنَاكَ رَجُلَينِ جَالِسَينِ يَذكُرَانِ أَخبَارَ المُختَرِعِينَ
9	جُدرَانُ الحُجرَةِ مُزَيَّنَةٌ بِالصُّوَرِ	10	يَقُصَّانِ مَا يَشُوقُ المُستَمِعِينَ مِنَ الحِكَايَاتِ اللَّطِيفَةِ

أَقْسَامُ الجَمْعِ

Exercise 1

Identify the type from the various أَقْسَامُ الجَمْعِ for each of the following.

1	حُمُرٌ	2	أعمِدَةٌ
3	بِيضٌ	4	كُتَّابٌ
5	جَرْحَى	6	كِبَارٌ
7	أَذْرُعٌ	8	كِرَامٌ
9	أَطْعِمَةٌ	10	قُدَمَاءُ
11	مَرْضَى	12	كُبُودٌ
13	كُرَمَاءُ	14	عَوَاطِلُ
15	بُخَلاءُ	16	صَحَائِفُ
17	أَسْيافٌ	18	منَازِلُ
19	أَعْنَابٌ	20	أنبِيَاءُ
21	غِلْمَةٌ	22	أَشبَالٌ

23	صِبْيَةٌ	24	حُرُوبٌ
25	كَمَلَةٌ	26	أشرِبَةٌ
27	كَتَبَةٌ	28	حُفَّاظٌ
29	أَنْفُسٌ	30	أَعْظُمٌ

اَلْمَرْفُوْعَاتُ

اَلْفَاعِلُ وَنَائِبُ الْفَاعِلِ

Exercise 1

For the sentences that contain a اَلْفِعْلُ الْمَجْهُوْلُ, use the word in the parentheses as a فَاعِلٌ and rewrite the sentence correctly (for example ضُرِبَ عَمرٌو (زيدٌ) becomes ضَرَبَ زَيدٌ عَمرًا). For the sentences that contain a اَلفِعْلُ الْمَعْرُوْفُ, convert it into a اَلْفِعْلُ الْمَجْهُوْلُ and make the appropriate changes (for example ضَرَبَ زَيدٌ عَمرًا becomes ضُرِبَ عَمرٌو).

1	فُتِحَ البابُ (الولدُ)	2	يُسكَبُ الماءُ في الإناء (فَاطِمَةُ)
3	أَكَلَ الفأرُ الجُبْنَ	4	شَرِبَ الولدان اللَّبَنَ
5	كَسَرَتِ الهِرَّةُ الإناءَ	6	قَتَلَ الصَّائِدُ الذِّئْبَ
7	قُطِفَتِ الزَّهرَةُ (البنتُ)	8	خَمَشَ القِطُّ أخاك
9	يُجْمَعُ الغِذاءُ (النَملَةُ)	10	فَهِمْنَا الدَرسَ
11	يُرْكَبُ الحصانُ (عليٌّ)	12	مَدَحَنَا المعلِّمُ

13	تَحْلُبُ المرأةُ البقرةَ	14	نَفَعَني الصِّدقُ
15	ذُبِحَت الشاةُ (زيدٌ)	16	يَدّخِرُ المُقتَصِدُ المالَ
17	تُهَذِّبُ المعلِّمةُ البنتَ	18	يَجمعُ الأولادُ القُطْنَ
19	تُصنَعُ القَهوةُ من البُنِّ (عَمْرٌو)	20	يَسقِي الحُوذيُّ الحصانَيْنِ

Exercise 2

Each sentence below contains an error (pay close attention to the correspondence of the اِسمٌ ظَاهِرٌ with its عَامِلٌ). Rewrite each sentence correctly with the correct إِعْرَابٌ then translate into English.

1	لعب فاطمة	2	البنتان لبست الثوب
3	أرضع شاة حملا	4	المعلمون يحبّان المجتهد
5	الفأرة أكل زبدا	6	الأولاد شكر أمهم
7	الفلاحان يربُّون الدجاج	8	المسافرون أدرك القطار
9	الفتاة ساعد أمها	10	المرأة تعب من المشي

اِسْمُ مَا وَلَا اَلْمُشَبَّهَتَيْنِ بِـ(لَيْسَ)

Exercise 1

Analyze and translate each sentence into English. Be sure to distinguish between the مَا and لَا which have the effect of لَيْسَ and those whose effect is cancelled due to a reason.

1	لا عذرٌ لك مقبولًا	2	ما أمرُك إلا عجيبٌ
3	لا المدينةُ واسعةً ولا الشَّوارعُ نظيفةً	4	ما مَعرُوفُكَ ضائعًا
5	ما آمالُك خائبةً	6	لا صَداقةٌ دائمةٌ بغيرِ إخلاصٍ
7	ما الحُصُونُ مَنيعةً	8	ما بالآباءِ فَخرُكم
9	لا الشمسُ مُشرِقةً ولا ضَحِيَةً	10	لا كاتبٌ إلا قارئٌ

خَبَرُ لَا الَّتِيْ لِنَفْيِ الْجِنْسِ

Exercise 1

Analyze and translate into English each of the following sentences.

1	لا خَيرَ في وُدِّ امْرِئٍ مُتَقلِّبٍ	2	لا شاهِدَ زُورٍ مَحبُوبٌ
3	لا فوَّاراتٍ في البُستانِ	4	لا شجَرَةَ رُمَّانٍ في البُستانِ
5	لا عاقلَينِ متشاتِمانِ	6	لا راعِيَ غَنَمٍ في الحَقْلِ
7	لا حَسُودَ مُستَرِيحٌ	8	لا رَاكِبًا فَرَسًا في الطَّريقِ
9	لا صاحبَ جُودٍ مَذمومٌ	10	لا مُقَصِّرًا في واجِبِهِ مَمدُوحٌ
11	لا سَبيلَ إلى السَّلامةِ من أَلسِنةِ العامَّةِ	12	لا مُجِدًّا في عَملِهِ مَذمومٌ
13	لا عاصيًا أباهُ مُوَفَّقٌ	14	لا بائِعَ في السُّوقِ
15	لا صَحراواتٍ في أورُوبَّا	16	لا دارَ كُتُبٍ في المَدينةِ

17	لا مُتَنافِسِينَ في الخَيرِ نادِمُونَ	18	لا مُتنزَّهَ في هذه المَدِينةِ
19	لا كَواكِبَ طالِعاتٌ	20	لا مُستشِيرًا في أُمُورِه نادمٌ

اَلْمَنْصُوْبَاتُ

اَلْمَفْعُوْلُ بِهِ

Exercise 1

Analyze and translate into English each of the following sentences.

1	شدَّ التِّلمِيذُ الحَبْلَ	2	أَبْصَرَ الرَّجلُ الْهِلاَلَ
3	يَبيعُ القَصَّابُ اللَّحمَ	4	حَمَل الْجَمَلُ الْحَطَبَ
5	مَزَّقَ الْغُلامُ الْوَرَقَ	6	يَأكلُ الذِّئْبُ الشَّاةَ
7	حَلَبتِ الْفَتَاةُ البقَرَةَ	8	صادَ الْغُلامُ سَمَكَةً
9	أَيْقَظَ الرَّعْدُ النَّائمَ	10	تَجْمَعُ البِنتُ الأَزهارَ
11	أَكَلَ الْحِمَارُ الْفُولَ	12	يَجُرُّ الحِصانُ العَجَلَةَ
13	صَنَعَ أَبُو بكْرٍ كُرْسِيًّا	14	قَطَفَ عائِشةُ الزَّهْرَةَ

15	رَمَى الصَّيَّادُ الشبَكَةَ	16	رَبَطتْ فاطِمةُ الْجَدْيَ
17	طَبخَتِ المرْأَةُ الطَّعَامَ	18	يَسْقِي الْفلَّاحُ الزَّرْعَ
19	حبَسَ الشُّرْطيُّ اللِّصَّ	20	قَذَفَ اللَّاعِبُ الْكُرَةَ

Exercise 2

Analyze and translate into English each of the following sentences containing مُنَادَى.

1	أَغِيثوا البائِسِين، يَا أَهلَ المُرُوءاتِ!	2	أَسرِج الحصانَ، يا غُلام!
3	غَرَبتِ الشمسُ، يا صائِمِين!	4	يا مسافِرون! تأهَّبُوا!
5	أَجِبْ دُعَائي، يا مُجيبَ الدعاءِ	6	يا لاهِيًا عن دَرسِهِ
7	خُذْ بِيَدِي، يا رحيمًا بالضُّعفاءِ	8	يا ضائِعًا كتابِهِ
9	يا شاهِدانِ، اشهَدا بالعَدلِ	10	يا مُسرِعًا، في العَجَلةِ النَّدامةُ
11	أنصِفوا المظلومَ، يا قضاةُ!	12	يا ظالِمًا، تبصَّرْ في العواقِب
13	تمهَّل، يا نازِلًا من الجَبَل	14	يا شامِتًا، إنَّ الدهر خوَّانٌ
15	لا تُعذِّب الحيَوانَ، يا فَريد!	16	يا رجالُ، أتقِنُوا أعمالَكُم

18 يا فِتيانُ، لا تَعبَثا بالأزهارِ	17 خُذُوا جوائزَكم، يا فائزون!
20 يا لاعِبونَ، استَرِيحُوا	19 جُودُوا، يا أهلَ الفضلِ

اَلْمَفْعُوْلُ الْمُطْلَقُ

Exercise 1

Analyze and translate into English each of the following sentences.

1	لَعِب حَسَنٌ لعبًا	2	ضَرَبَ الخادمُ العَقربَ ضَربةً
3	خطَفَ الثَّعلَبُ الدَّجَاجةَ خطفًا	4	تَثُورُ البَراكِينُ فِي بعضِ الجِهات ثَورانًا شَديدًا
5	يشرَبُ الطِّفلُ اللَّبَنَ شُربًا	6	تُهدمُ المَنازلُ هَدمًا
7	يثِبُ النَّمِرُ وُثُوبَ الأسَدِ	8	تُدَكُّ المَبانِي دكًّا
9	مرَّ القِطارُ مرَّ السَّحابِ	10	تقذِفُ النِّيرانُ قذفًا مُستمِرًّا
11	جرَى خالدٌ جَريًا سريعًا	12	يَخافُ السُّكَّانُ خوفًا عظيمًا
13	أَكل عليٌّ أَكلَتَين	14	لا تَسمعُ غيرَ نساءٍ تَصيحُ صِياحًا
15	تدُورُ الأرض دَورةً واحدةً في اليومِ	16	أطفالٌ تصرُخُ صُراخًا

17	اِسعَ سَعيَ المجدِّ	18	طرَقَ عاملُ البَريدَ البابَ طَرقًا
19	سُرِرتُ سرورًا	20	لا تَخافِي خوفَ الجَباناتِ

اَلْمَفْعُوْلُ لَهُ

Exercise 1

Analyze and translate into English each of the following sentences.

1	لا تبْخَلوا خشيةَ الفَقر	2	تصدَّقَتْ على الفَقيرِ أمَلًا في الثَّواب
3	يسافرُ الطَّلَبَةُ إلى إفريقيا طلَبًا للعِلمِ	4	صفحتُ عن السَّفِيهِ حِلمًا
5	اعملُوا الخيرَ حبًّا في الخيرِ	6	تجاوزتُ عن هَفوةِ الصَّديق إبقاءً على مَودَّتِهِ
7	عاقبَ القاضِيْ المجرِمَ تأديبًا له	8	يزورُ مصرَ كثيرٌ مِنَ السَّائحين ترويحًا عَن النَّفس
9	قامَ احترامًا لأستاذِك	10	أُعْفُ عن المخطِئِ تكرُّمًا

اَلْمَفْعُوْلُ مَعَهُ

Exercise 1

Analyze and translate into English each of the following sentences.

1	سِرْتُ وطلوعَ الفَجْرِ	2	سار التِّلْميذُ والكتابَ
3	حَضَرَ بكر وغُروبَ الشَّمْس	4	نامَ أَخِي وظلَّ الشجَرةِ
5	جاءَ الجُنديُّ وأسلِحَتَهُ	6	بُعِثتُ أنا والسَّاعةَ كهذِهِ

اَلْمَفْعُوْلُ فِيْهِ

Exercise 1

Analyze and translate into English each of the following sentences.

1	مَكَثَتْ بالإسكَندَريةِ شَهرًا	2	وقفتُ أَمامَ المرآةِ
3	شرِبَ المريضُ الدَّواءَ صباحًا	4	جَلَستِ الهرَّةُ تحتَ المائدَةِ
5	جلستُ مع صَدِيقِي لَحَظَةً	6	نامَ الكلبُ خلفَ البابِ
7	تُوقَدُ المَصابِيحُ ليلًا	8	يثِبُ اللِّصُّ فوقَ السورِ
9	تجمَعُ النَّملةُ قُوتَها صَيفًا	10	جرى عليٌّ ميلًا

اَلْحَالُ

Exercise 1

Analyze and translate into English each of the following sentences.

1. عادَ الجَيشُ ظافرًا
2. اصْطفَّتِ الجُنودُ سيوفُهُم مَشهُورةٌ
3. أَقبلَ المَظلُومُ باكيًا
4. لاَ تأكُلُوا الفاكِهةَ وَهيَ فِجَّةٌ
5. جَرَى الماءُ صافِيًا
6. غَابَ أخُوك وقد حَضَرَ جميعُ الأصدِقاءِ
7. بِعتُ القُطنَ مَحلُوجًا
8. ذهَبَ الجاني تحرسُهُ الجُنودُ
9. لا تَشْرَبِ الماءَ كدِرًا
10. قَطفَ الأوْلادُ الأزهارَ ولما تتفتَّحْ
11. لا تَلبسِ الثَّوبَ ممزَّقًا
12. رَاقني الوَرْدُ وسطَ البُسْتانِ
13. رَجَعَ القائدُ مَنْصُورًا
14. أَبصَرْتُ الخطيبَ فوقَ المِنبَرِ
15. رَكِبْنَا البحرَ هائجًا
16. طَلَعَ البَدْرُ بينَ السَّحابِ

18	تألَّم الطَّائرُ في القفَصِ	17	لا تأكُلوا الطَّعامَ حارًّا جدًّا
20	اِشتريْتُ السَّلَّةَ من التّينِ بِثَمَنٍ قليلٍ	19	حَضَرَ الضُّيوفُ والمُضيفُ غائبٌ

اَلتَّمْيِيزُ

Exercise 1

Analyze and translate into English each of the following sentences.

1	اِشْتَرَيْتُ رَطْلًا بَلَحًا	2	اِشْتَرَيْتُ خَمْسَةَ أَقْلَامٍ
3	غَلَّتِ الأَرْضُ إِرْدَبًّا قَمْحًا	4	فِي الأُسْبُوعِ سَبْعَةُ أَيَّامٍ
5	بَاعَنِي التَّاجِرُ ذِرَاعًا حَرِيرًا	6	فِي المَسْجِدِ عَشَرَةُ أَعْمِدَةٍ
7	فِي الْحَقْلِ عِشْرُونَ بَقَرَةً	8	رَأَيْتُ أَحَدَ عَشَرَ فَارِسًا
9	طَابَ المَكَانُ هَوَاءً	10	فِي الشَّجَرَةِ تِسْعَةَ عَشَرَ غُصْنًا
11	فَاضَ الْقَلْبُ سُرُورًا	12	فِي الشَّهْرِ ثَلَاثُونَ يَوْمًا
13	الْعِنَبُ مِنْ أَلَذِّ أَنْوَاعِ الْفَاكِهَةِ طَعْمًا	14	فِي الشَّجَرَةِ إِحْدَى وَأَرْبَعُونَ بُرْتُقَالَةً
15	القَاهِرَةُ أَكْثَرُ مِنَ الإِسْكَنْدَرِيَّةِ سُكَّانًا	16	فِي البُسْتَانِ تِسْعٌ وَتِسْعُونَ نَخْلَةً

17	غَرَسْتُ ثلاَثَ شَجَراتٍ	18	فِي القِنْطَارِ مِئَةُ رطلٍ
19	أَكَلْتُ أَرْبَعَ تفَّاحاتٍ	20	رَكِبَ السَّفينةَ مِئَتَا مُسافرٍ

اَلْمُسْتَثْنَى

Exercise 1

Analyze and translate into English each of the following sentences.

1. حَضَرَ الأصدِقاءُ إِلَّا عليًا
2. لا يُسْدِي النَّصيحةَ إِلَّا المُخلِصون
3. حَلَلْتُ مَسَائِلَ الحِسابِ إِلَّا مَسأَلَةً
4. ما صاحَبْتُ إِلَّا الأخيارَ
5. قَرَأْتُ الكِتابَ إِلَّا صَفْحتَين
6. لا تَسُودُ الشُّعُوبُ إِلَّا بالأخلاقِ
7. اِنْقَضَى الصَّيفُ إِلَّا يَوْمَين
8. اتَّقَدَتِ المصابيحُ غيرَ واحدٍ
9. أثمرَتِ الأَشجَارُ إِلَّا شَجَرةً
10. سَلَّمْتُ عَلَى القادِمين غيرَ سَعيدٍ
11. طارَ الحَمَامُ إِلَّا واحِدةً
12. ما عادَ المريضَ عائدٌ غيرُ الطَّبيبِ
13. فَرَّ الجُنُودُ إِلَّا القائد
14. ما قَبَّلْتُ يَدَ أحدٍ غيرَ والِدَيَّ وأَشياخِي
15. لم تَتَفَتَّحِ الأَزهارُ إِلَّا البَنَفْسَج
16. لم يَفترِسِ الذِّئبُ غيرَ شاةٍ

17	لم يَنْجُ المُسْتَحِمُّون إِلَّا أحمدَ	18	قَطَفْتُ الأَزهَارَ خَلَا الوَرْدَ
19	ما سَلَّمْتُ عَلَى القادِمِين إِلَّا الأولَ	20	دَخلْتُ غُرَفَ البَيتِ خَلا غُرفةَ النَّومِ
21	ذَبَحَ الجزَّارُ الغنَمَ خَلا شاةٍ	22	زرتُ مَسَاجِدَ المَدينةِ خَلا واحدًا
23	زُرتُ المُدُنَ الشَّهيرَةَ في مِصرَ إِلا أَسوانَ	24	صامَ الغُلامُ رَمَضانَ غيرَ يومٍ
25	ما صَحِبَني أحَدٌ في سَفَرِي إِلَّا والدُك	26	ما أكَلَ الثَّعلَبُ غيرَ دَجاجةٍ
27	لم يُوَاسِني في شِدَّتِي إلا الأَصدِقاء	28	لا يَكسِبُ ثِقةَ الجُمْهُورِ إِلَّا المُخلِصُ
29	لم يَفتَرِسِ الذِّئبُ سِوَى شاةٍ	30	عادَ الجُنُودُ خلا المُشاةَ

اَلْمَجْرُوْرَاتُ

Exercise 1

Analyze and translate into English each of the following sentences.

1	لَعِبْنا في فِناءِ المَدرَسةِ	2	نَزَلَ المَطَرُ منَ السَّماءِ
3	ابتَعَدَ عن قَرينِ السُّوءِ	4	يأْتِي السَّمَكُ مِنَ البَحرِ
5	مَشَيتُ عَلى شاطئِ النِّيلِ	6	سَعَى الجَيشُ إلى المَيدانِ
7	رَكِبتْ قِطارَ الصَّباحِ	8	سارَتِ المَاشِيةُ إلى الحَقلِ
9	أَغلَقْتُ مِصراعَيِ البابِ	10	يَنزِلُ الجُنديُّ عنِ الحِصانِ
11	انكَسَرَتِ عَجَلَتا الدَّرَّاجةِ	12	يَذهَبُ الخَوفُ عَنِ الطِّفلِ
13	تشكُرُ الصُّحُفُ مُحسِنِي الأُمَّةِ	14	تَطفُو الخَشَبَةُ على الماءِ
15	ثَروَةُ مِصرَ مِن زارِعِي الأَرضِ	16	يسقُطُ الثَّمَرُ عَلَى الأَرضِ

17	أسرَعَ سائِقُو السَّيّاراتِ	18	يَنبَحُ الكَلبُ في البُستانِ
19	جاءَ معلِّمُو المَدرَسَةِ	20	دَخَلَ المُجرِمُ في السِّجنِ
21	الحِلمُ سَيِّدُ الأَخلاقِ	22	قشَرْتُ الفاكِهَةَ بالسِّكِّينِ
23	فَحَصَ الطَّبِيبُ عَن رِئَتَي المَريضِ	24	يتَقاتَلُ الجُنُودُ بالسُّيُوفِ
25	رَكِبتُ سيَّارَة حَسَنٍ	26	الجائِزَةُ للسَّابِقِ
27	شاهَدْتُ جَمَلَ المُحَمِّلِ	28	اِشتَرَيتُ قُفلًا للخِزانَةِ
29	يَقْطَعُ القِطارُ المَسافَةَ في ثلاثِ ساعاتٍ	30	يَقْطَعُ النجَّارُ الخَشَبَ بالْمِنشَارِ

التَّوابِعُ

اَلنَّعْتُ

Exercise 1

Analyze and translate into English each of the following sentences.

1	هذا منزِلٌ ضيِّقٌ	2	اشْتَرَيْتُ بِسَاطَيْنِ شَرْقيًّا نَقْشُهُما
3	تَسلَّقْتُ شجَرَةً غلِيظةً	4	عَثرْتُ بِطائرَيْنِ غَرِيبٍ شَكْلُهُما
5	جلسْتُ في السُّرادِقِ الفاخِرِ	6	هَؤُلاءِ بَناتٌ عاقلاتٌ
7	هاتانِ صُورَتان جَميلَتَانِ	8	عاشَرْتُ إخْوةً مُوسِرِينَ
9	اشْتَرَيْتُ بِسَاطَيْنِ شرْقِيَّيْنِ	10	أشْفَقْتُ على الصِّبْيةِ المُعدِمِين
11	عَثرْتُ بِطائرَيْنِ غَرِيبَيْنِ	12	هَؤُلاءِ بناتٌ عاقِلةٌ أمَّهاتُهُنَّ
13	هذا منزِلٌ ضيِّقٌ فِناؤُهُ	14	عاشَرْتُ إخْوانًا موسِرًا آباؤُهم

15	تسلَّقْتُ شَجَرَةً غَلِيظًا جِذْعُها	16	أشْفَقْتُ على الصِّبْيَةِ المعدِمِ أَهْلُوهُم
17	جَلسَتْ في السُّرادِقِ الفاخِرةِ أرائِكُهُ	18	مرَرْتُ بحيٍّ مُزدَحِمٍ بالسُّكانِ
19	هاتانِ صُورتانِ جَميلٌ إطاراهُما	20	قلِيلٌ مُدَبَّرٌ خيرٌ مِن كَثِيرٍ مُبَعْثَرٍ

اَلتَّأْكِيدُ

Exercise 1

Analyze and translate into English each of the following sentences.

1. حادَثَني الوزيرُ نفسُهُ
2. حضَرَ حضَرَ الغائبُ
3. غَرَبتْ غرَبَتِ الشَّمسُ
4. لا، لا أَخونُ العَهدَ
5. رَكِبتُ الزَّوْرَق عينَهُ مَع صديقَيَّ كِلَيهما
6. أنتَ المَلُومُ أنتَ المَلُومُ
7. احترَقَتِ الدَّارُ كُلُّها
8. قُمْتُ أنا بالواجِبِ
9. قرَأتُ الكتابَ كلَّه
10. ما جاءَكَ أَنْتَ أحدٌ
11. فرَغْتُ منَ الأَعمالِ كلِّها
12. سَلَّمْتُ علَيهِ هو
13. نَجَحَ الأَخَوانِ كلاهُما
14. دَهِشْنَا نحنُ أَنْفُسُنَا
15. ذبحنا الكَبْشَينِ كِلَيهما
16. ذُعِرْتَ أَنْتَ نفسُكَ

17	سكَنا في المَنزِلَين كِلَيهما
18	جَبُنُوا هُم أَنْفُسُهُم
19	رأيتُ التِّمساحَ التِّمساحَ
20	أُسْرِجُ أَنا الفَرَسَ

اَلْبَدَلُ

Exercise 1

Analyze and translate into English each of the following sentences. Be sure to identify the type of بَدَلٌ.

1. حَضَرَ أخوكَ حَسَنٌ
2. كانَ أبُو حامِدٍ الغَزَاليُّ مِن أكبرِ رِجالِ الدِّينِ
3. عامَلْتُ التَّاجرَ خَلِيلًا
4. تهدَّمَ المَسجِدُ مَنارتُهُ
5. أصغَيتُ إلى الخَطِيبِ عليٍّ
6. ذهب السُّيَّاحُ أكثرُهم لزيارةِ وَادِي المُلُوك مقابِرِه
7. تهَشَّمَ أبو الهَولِ أنفُهُ
8. ذهبْتُ إلى الجِيزَةِ فرأيتُ التِّمثالَ العَظيمَ أبا الهَولِ
9. قضَيتُ الدينَ ثُلثَه
10. أعجبَتْنا المدينةُ أبنِيَتُها، وسرَّتْنا الشَّوارعُ نظافَتُها
11. نظرتُ إلى السَّفينةِ شِراعِها
12. تمزَّقَ الكتابُ غِلافُهُ
13. تضَوَّعَ البُستانُ أريجُهُ
14. قطفْنَا الكرْمَ عِنَبَه، وأغلَقْنا البُستانَ بابَهُ
15. سَمِعتِ الشاعرَ إنشادَهُ
16. بَنَى القائدُ جَوْهرُ القاهرَةَ

17	عَجِبتُ منَ الأسَدِ إقدامِه	18	كان أبُو الطَّيِّب المُتَنَبِّيُّ شاعرًا حكِيمًا
19	كانَتْ أمُّ المُؤمِنِين عائشةُ رضي الله عنها حُجَّةً في رِوايةِ الحَدِيثِ	20	سرَّني الخادمُ أمانَتُهُ

اَلْعَطْفُ بِحَرْفٍ

Exercise 1

Analyze and translate into English each of the following sentences.

1	تَرعَدُ السَّماءُ وتَبرُقُ	2	حَكَمَ مِصرَ إِسماعيلُ، فتَوفِيقٌ
3	تَوَلَّى الخِلاَفَةَ أَبُو بَكْرٍ وعمَرُ	4	رآنا أبوكَ فحَيَّانَا
5	تَوَلّى الْخَلاَفَةَ عمرُ وأبو بَكْرٍ	6	ماتَ الرَّشيدُ ثُمَّ المأمونُ
7	صَلَّى الإمامُ والمأمُومُ	8	زَرَعْنَا القُطْنَ ثم جَنَيْنَاهُ
9	دَخَلَ المدَرِّسُ، فَوَقَفَ التَّلامِيذُ	10	يَنْقَضِي الصَّيْفُ ثُمَّ يَعُودُ

اَلْحُرُوْفُ الْعَامِلَةُ

اَلْحُرُوْفُ النَّاصِبَةُ

Exercise 1

Analyze and translate into English each of the following sentences.

1	لَن نُّؤْمِنَ لَكَ حَتَّىٰ نَرَى ٱللَّهِ	2	لَن تَنَالُوا الْبِرَّ حَتَّىٰ تُنفِقُوا مِمَّا تُحِبُّونَ
3	لِيَمِيزَ اللَّـهُ الْخَبِيثَ مِنَ الطَّيِّبِ	4	إِنَّا أَرْسَلْنَا نُوحًا إِلَىٰ قَوْمِهِ أَنْ أَنذِرْ قَوْمَكَ
5	إِنَّ اللَّـهَ يَأْمُرُكُمْ أَن تَذْبَحُوا بَقَرَةً	6	فَاعْفُوا وَاصْفَحُوا حَتَّىٰ يَأْتِيَ اللَّـهُ بِأَمْرِهِ
7	أَن تَصُومُوا خَيْرٌ لَّكُمْ	8	كُلُوا وَاشْرَبُوا حَتَّىٰ يَتَبَيَّنَ لَكُمُ الْخَيْطُ الْأَبْيَضُ
9	الإِحْسَانُ أَنْ تَعْبُدَ اللَّهَ كَأَنَّكَ تَرَاهُ	10	وَيُحَرِّمُونَهُ عَامًا لِّيُوَاطِئُوا عِدَّةَ مَا حَرَّمَ اللَّـهُ
11	لِئَلَّا يَعْلَمَ أَهْلُ الْكِتَابِ	12	إِنَّمَا يُرِيدُ اللَّـهُ لِيُذْهِبَ عَنكُمُ الرِّجْسَ أَهْلَ الْبَيْتِ
13	يُرِيدُونَ أَن تَضِلُّوا السَّبِيلَ	14	اللَّـهُ أَحَقُّ أَن تَخْشَاهُ

15 عَلِمَ أَن سَيَكُونُ مِنكُم مَّرْضَىٰ

16 إِنَّ اللَّـهَ يَأْمُرُكُمْ أَن تُؤَدُّوا الْأَمَانَاتِ

17 لَيْسَ عَلَيْكُمْ جُنَاحٌ أَن تَبْتَغُوا فَضْلًا مِّن رَّبِّكُمْ

18 إِنَّهُمْ لَن يَضُرُّوا اللَّـهَ شَيْئًا

19 لِيَعْلَمَ اللَّـهُ الَّذِينَ آمَنُوا

20 لَن يَجْعَلَ اللَّـهُ لِلْكَافِرِينَ عَلَى الْمُؤْمِنِينَ سَبِيلًا

21 لِيُمَحِّصَ اللَّـهُ الَّذِينَ آمَنُوا وَيَمْحَقَ الْكَافِرِينَ

22 مَا يُرِيدُ اللَّـهُ لِيَجْعَلَ عَلَيْكُم مِّنْ حَرَجٍ

23 مَا كَانَ لِنَبِيٍّ أَن يَغُلَّ

24 لَا تَعْضُلُوهُنَّ لِتَذْهَبُوا بِبَعْضِ مَا آتَيْتُمُوهُنَّ

25 لِيَزْدَادُوا إِيمَانًا مَّعَ إِيمَانِهِمْ

26 إِنَّ نَفْسًا لَنْ تَمُوتَ حَتَّى تَسْتَكْمِلَ رِزْقَهَا

27 لِتُؤْمِنُوا بِاللَّـهِ وَرَسُولِهِ

28 أُمِرْتُ أَنْ أَكُونَ مِنَ الْمُسْلِمِينَ

29 لِيَغْفِرَ لَكَ اللَّـهُ

30 لَّن تَتَّبِعُونَا كَذَٰلِكُمْ قَالَ اللَّـهُ مِن قَبْلُ

اَلْحُرُوفُ الْجَازِمَةُ

Exercise 1

Analyze and translate into English each of the following sentences.

1	يَا أَيُّهَا الَّذِينَ آمَنُوا إِن تَتَّقُوا اللَّـهَ يَجْعَل لَّكُمْ فُرْقَانًا
2	لَا تَجْعَلُوا دُعَاءَ الرَّسُولِ بَيْنَكُمْ كَدُعَاءِ بَعْضِكُم بَعْضًا
3	لِيُؤَدِّ الَّذِي اؤْتُمِنَ أَمَانَتَهُ
4	مَنْ كَذَبَ عَلَيَّ مُتَعَمِّدًا فَلْيَتَبَوَّأْ مَقْعَدَهُ مِنَ النَّارِ
5	لَمَّا يَعْلَمِ اللَّـهُ الَّذِينَ جَاهَدُوا مِنكُمْ
6	إِذَا عَطَسَ أَحَدُكُمْ فَلْيَقُلِ: الْحَمْدُ لِلَّهِ
7	إِن تُطِيعُوهُ تَهْتَدُوا
8	مَنْ كَانَ يُؤْمِنُ بِاللَّهِ وَالْيَوْمِ الآخِرِ فَلاَ يُؤْذِ جَارَهُ
9	لِتَقُمْ طَائِفَةٌ مِّنْهُم مَّعَكَ
10	وَإِن لَّمْ تَفْعَلْ فَمَا بَلَّغْتَ رِسَالَتَهُ
11	لَمَّا يَأْتِكُم مَّثَلُ الَّذِينَ خَلَوْا مِن قَبْلِكُم
12	أُولَـٰئِكَ لَمْ يُؤْمِنُوا فَأَحْبَطَ اللَّـهُ أَعْمَالَهُمْ
13	لَمَّا يَخْرُجْ خَالِدٌ مِنَ الْفَصْلِ
14	إِن يَكُونُوا فُقَرَاءَ يُغْنِهِمُ اللَّـهُ مِن فَضْلِهِ
15	لَا تَشْتَرُوا بِآيَاتِي ثَمَنًا قَلِيلًا
16	إِن تَوَلَّيْتُمْ فَاعْلَمُوا أَنَّكُمْ غَيْرُ مُعْجِزِي اللَّـهِ

17 لَا تَكُونُوا كَالَّذِينَ تَفَرَّقُوا

18 لاَ تُكْثِرُوا الضَّحِكَ فَإِنَّ كَثْرَةَ الضَّحِكِ تُمِيتُ الْقَلْبَ

19 لَا تَجَسَّسُوا وَلَا يَغْتَب بَّعْضُكُم بَعْضًا

20 ذَهَبَ التَّاجِرُ إلى السُّوْقِ ولمَّا يَبِعْ كُتُبَهُ

21 لَا تَعَاوَنُوا عَلَى الْإِثْمِ وَالْعُدْوَانِ

22 لَا تَتَّخِذُوا عَدُوِّي وَعَدُوَّكُمْ أَوْلِيَاءَ

23 لِيَسْتَأْذِنكُمُ الَّذِينَ مَلَكَتْ أَيْمَانُكُمْ

24 أُولَـٰئِكَ لَمْ يَكُونُوا مُعْجِزِينَ فِي الْأَرْضِ

25 لَا تُبْطِلُوا صَدَقَاتِكُم بِالْمَنِّ وَالْأَذَىٰ

26 إِنْ تَنصُرُوا اللَّـهَ يَنصُرْكُمْ وَيُثَبِّتْ أَقْدَامَكُمْ

27 لِيَحْذَرِ الَّذِينَ يُخَالِفُونَ عَنْ أَمْرِهِ أَن تُصِيبَهُمْ فِتْنَةٌ

28 لَا تَكُونُوا كَالَّذِينَ آذَوْا مُوسَىٰ

29 يُحِبُّونَ أَن يُحْمَدُوا بِمَا لَمْ يَفْعَلُوا

30 مَنْ قَتَلَ نَفْسًا مُعَاهِدًا لَمْ يَرَحْ رَائِحَةَ الْجَنَّةِ

اَلْأَفْعَالُ الْعَامِلَةُ

Exercise 1

Analyze and translate into English each of the following sentences. Be sure to identify the type of فِعْلٌ from the اَلْأَفْعَالُ الْعَامِلَةُ in each sentence.

1	زَرَعَ الفلّاحُ القصَبَ	2	اِخلولَقَ العاملانِ أن يتْعَبَا
3	أطْفَأَ الهواءُ المِصباحَ	4	يُوشِكُ الطّفلُ أن يتكلّمَ
5	تَسُوقُ الرّيحُ السّحابَ	6	عَسَى الصَّفاءُ أنْ يَدُومَ
7	يَرْكَبُ الفارِسُ الجَوَادَ	8	كاد الثَّمَرُ يَطِيبُ
9	يَعودُ الطَّبِيبُ المَرِيضَ	10	أَنْشَأَتِ السَّماءُ تُمْطِرُ
11	يَسْتَجِيبُ اللهُ الدُّعاءَ	12	أَنْشَأَ الرَّعْدُ يقصِفُ
13	ظَنَنْتُ الجوَّ مُعتدِلًا	14	أَخَذَ الثّوبُ يَبْلَى
15	رأيتُ الصُّلحَ خيرًا	16	أَخَذَ البِناءُ ينهارُ

17 وجَدْتُ الفراغَ مَفْسَدَةً

18 عَسَى الصَّائِدُ أنْ يُصِيبَ

19 أعطيْتُ السَّائلَ خُبْزًا

20 حَرَى الغَمامُ أَنْ يَنْقَشِعَ

21 يَكسُو الْعِلْمُ أهلَه وقارًا

22 كادَتِ السَّفِينَةُ أنْ تَغْرَقَ

23 يَسْقِي الطَّبيبُ المريضَ الدَّواءَ

24 كَرَبَ الشّتاءُ أنْ يَنْقَضِيَ

25 سَأَرَى عليًّا الكتابَ مُفيدًا

26 كَرَبَ الْمَاءُ يجمُدُ

27 أعْلَمْتُ الطُّغاةَ الظُّلمَ وخيمًا

28 أَوْشَكَ المالُ أنْ ينفَدَ

29 أنْبَأَنِي الرَّسولُ الأَمِيرَ قادَمَ

30 ما أَوْسَعَ الأمَلَ!

31 نَبَّأْتُهُمُ الكِبْرَ مَمْقُوتًا

32 أَقْبِحْ بالبُّخلِ!

33 أَخْبَرْتُ الغِلمانَ اللَّعبَ مُفيدًا

34 ما أكثَرَ استِفادَةَ المُنْتَبِهِ!

35 خَبَّرْتُ المُسافِرِينَ القِطارَ مُتأَخِّرًا

36 أعذِبْ بماءِ النِّيلِ

37 حَدَّثْتُ الأَولادَ السِّباحةَ نافِعةً

38 حَبَّذا القَناعَة مَعَ الجِدِّ

39 جاء المُعِزُّ لدينِ اللهِ مِصْرَ واتَّخذَ القاهرةَ مَقَرًّا لخِلافَتِهِ

40 حَبَّذا المُختَرِعُون

41 ظَنَنْتُ المِصباحَ مُنطَفِئًا

42 لا حَبَّذا يَومٌ لا تَعمَلُ فيهِ خَيرًا

43 أَخبَرَنِي فَرِيدٌ أباهُ مَرِيضًا

44 نِعمَ صَدِيقًا الكِتابُ

45 نبَّأْتُ سَعِيدًا أخاهُ قادمًا

46 بَئِسَ رجُلًا من يَعتَمِدُ علَى سِواهُ

47 أَخَذْتُ الأَزهارَ تَتفَتَّحُ

48 المُزاحُ يُورِثُ النَّدَمَ، فبِئسَ العادةُ

49 نِعْمَت أُمُّ المُؤمِنِين عائِشةُ

50 كانَ عُمَرُ عادلًا، فنِعمَ الخَلِيفةُ

اَلأَسْمَاءُ الْعَامِلَةُ

اَلْأَسْمَاءُ الشَّرْطِيَّةُ

Exercise 1

Analyze and translate into English each of the following sentences.

1	مَنْ يُفرِطْ فِي الأَكْلِ يتْخَمْ	2	مَا تُضَيِّعْ مِنْ وَقْتِكَ تَنْدَمْ عَلَيهِ
3	مَنْ يتْعَبْ فِي صِغَرِهِ يتَمَتَّعْ في كِبَرِه	4	مَا تُتْلِفْ تَغْرَمْ ثَمَنَهُ
5	أَنَّى يَنْزِلْ ذُو العِلمِ يُكرَمْ	6	أيَّانَ تُنادِ أُجِبْك
7	مَنْ يُسافِرْ تَزدَدْ تَجَارِبُهُ	8	حيثُما تَمْشِ علَى ضِفافِ النِّيلِ تَنْشَق هواءً نَقيًّا
9	أيُّ بُستانٍ تدْخُلْ تَبْتَهِجْ	10	كَيفَما تُعامِلْ صَديقَك يعامِلْك

اِسْمُ الْفَاعِلِ وَصِيَغُ الْمُبَالَغَةِ

Exercise 1

Analyze and translate into English each of the following sentences.

1	الفَلَّاحُ حَارِثٌ ثَورُهُ الأرضَ	2	لا يَجِدُ العَجُولُ فَرَحًا ولا الغَضُوب سُرُورًا
3	الفارِسُ ناهِبٌ جَوَادُهُ الأرضَ	4	كَلبٌ جَوَّالٌ خيرٌ مِن أسَدٍ رابِضٍ
5	الجُنْدِيُّ مِطْعَان	6	لا يخلُو المَرءُ مِن وَدُودٍ يَمدَحُ، وعَدُوٍّ يقدَحُ
7	العاقل تَرَّاك صُحْبَةَ الأَشرارِ	8	لا تَكُن جَزِعًا عِندَ الشَّدائِدِ
9	الكاتِمُ سِرَّ إِخوانِهِ مَحبُوبٌ	10	خَيرُ العُمَّالِ الصَّدُوقُ، العَلِيم بأَسرارِ مِهنَتِهِ

اِسْمُ الْمَفْعُولِ

Exercise 1

Analyze and translate into English each of the following sentences.

1	المَرْءُ مَخْبُوءٌ تَحْتَ لِسانِهِ	2	إن جَزِعْتَ جَرَى عَلَيكَ القَدَرُ وأنتَ مَأزُورٌ
3	كُلُّ مَبْذُولٍ مَمْلُولٌ	4	يَجِبُ أن يَكُونَ المَنزِلُ مَوفُورَ الهَواءِ والنُّورِ
5	دُعاءُ المَظلومِ مُستجابٌ	6	الطَّائِرُ مَقصُوصٌ جناحُهُ
7	كُلُّ مَمْنُوعٍ مَرغُوبٌ فِيهِ	8	ما مَعرُوفةٌ حَقيقةُ الرُّوح
9	إنْ صَبَرْتَ جَرَى عَلَيكَ القَدر وأنتَ مَأجُورٌ	10	الْمُسَمَّى هِشامًا أَخِي

اَلصِّفَةُ الْمُشَبَّهَةُ بِاسْمِ الْفَاعِلِ

Exercise 1

Analyze and translate into English each of the following sentences.

1	الفَتَى شَهْمٌ	2	العَدُوُّ شَديدٌ بأسًا
3	الجُنْديُّ شُجَاعٌ	4	رُبَّ مَهزُولٍ سَمينٌ عِرْضُهُ
5	الخَطيبُ طَلْقٌ لِسانُهُ	6	اللَّيِّنُ العَرِيكةِ مَحبُوبٌ
7	الأَمرُ صَعْبُ مِراسًا	8	الشَّكِسُ خُلُقُهُ مَذمُومٌ
9	بِلادُنا كَثِيرةُ الخَيراتِ	10	الخَلِيُّ الفُؤَادِ سَعِيدٌ

اِسْمُ التَّفْضِيْلِ

Exercise 1

Analyze and translate into English each of the following sentences.

1	الأَسَدُ أشجَعُ مِنَ النَّمِرِ	2	الْعِلْمُ أنفَعُ منَ الْمَالِ
3	الْفِيلُ أضْخَمُ مِنَ الْجَمَلِ	4	الْوَلَدُ الأكبَرُ ذَكِيٌّ
5	الحَدِيدُ أنفَعُ مِنَ الذَّهَبِ	6	الْكِتَابُ أفضلُ سَمِيرٍ
7	الشَّقِيقُ أَشَدُّ حَمْرَةً من الوَرْدِ	8	عَائِشَةُ أفضَلُ النِّساءِ، أوْ فُضْلَاهُنَّ
9	العَرَبُ أكثَرُ تَقَدُّمًا مِنَ الشَّرْقِ	10	مكَّةُ والْمَدِينَةُ أشرَفُ الْمُدُنِ أو أشْرَفَا الْمُدُن

اَلْمَصْدَرُ

Exercise 1

Analyze and translate into English each of the following sentences.

1	ما أبدَعَ إنشاءَ الرَّسائلِ صَديقُكَ	2	يَفرَحُ الإنسانُ لقُرْبِ الصَّديقِ وبُعْدِ العَدُوِّ
3	إنشادُكَ الأَشعارَ جَمِيلٌ	4	اِنغِماسُ المرءِ فِي التُّرَفِ يضُرُّهُ
5	ما أَسرَعَ تَصديقَ الأَخبارِ أخُوكِ	6	حَسُنَتْ حالُ المَريضِ بَعدَ شُرْبِ الدَّواءِ
7	حبُّكَ الأَوطانَ مِنَ الإيمانِ	8	تَحْسُنُ بكَ مكافَأَةُ كلَّ مُحْسَنٍ
9	مِن سُوءِ التَّربِيَةِ عِصيانُ الآباءِ بَنُوهُم	10	نَحْنُ في انْتِظارٍ أَنْباءَ الْبَرِيدِ

اَلْمُضَافُ

Exercise 1

Analyze and translate into English each of the following sentences.

1	نُورُ الشَّمسِ قَوِيٌّ	2	حُبُّ الثَّناءِ طَبيعةُ الإنسانِ
3	عُنُقُ الجَمَلِ طَويلٌ	4	عَواقِبُ المَكَارِهِ مَحْمُودَةٌ
5	رِيشُ الطَّاوُوسِ جَمِيلٌ	6	المَظلُومُ مُستَجابُ الدُّعاءِ
7	أسمَعُ بُكاءَ طِفلٍ	8	آفَةُ العِلمِ النِّسيانُ
9	أَرَى آثارَ أقدامٍ	10	الشَّجَرَةُ مُورِقَة الأَغصانِ

اَلْكِنَايَاتُ

Exercise 1

Analyze and translate into English each of the following sentences.

1	كَمْ مَدينَةً شاهَدتَ؟	2	كَأَيِّن مِنْ غنيٍّ لا يَقنَعُ
3	كَمْ عُلُومٍ دَرَستَ	4	كَأَيِّنْ مِنْ كِتَابٍ لا يُسَاوِي المِدَادَ الذِي كُتِبَ بِهِ
5	كَمْ مَصْنَعًا بالإِقلِيمِ الجُنُوبي؟	6	غَرَسْتُ كَذَا شَجَرَةً
7	كَمْ كتابٍ عنْدَكَ	8	اِصْطَدْتُ كَذا وكَذا عَصافِيرَ
9	بكَمْ جُنَيْهٍ اشْتَرَيْتَ هذا الثَّوبَ؟	10	كَمْ دَقِيقةً انْتَظَرْتَنِي؟

اَلْحُرُوْفُ الْغَيْرُ الْعَامِلَةِ

Exercise 1

Analyze and translate into English each of the following sentences. Be sure to identify the type of حَرْفٌ from the اَلْحُرُوْفُ الْغَيْرُ الْعَامِلَةِ in each sentence.

1	أَطَلَعَتِ الشَّمْسُ؟، هَلْ طَلَعَتِ الشَّمْسُ؟	2	أَلَا إِنَّ أَوْلِيَاءَ اللَّـهِ لَا خَوْفٌ عَلَيْهِمْ
3	أَعَادَ الرَّسُولُ؟، هَلْ عَادَ الرَّسُولُ؟	4	أَلَا لَعْنَةُ اللَّـهِ عَلَى الظَّالِمِينَ
5	أَيَذُوبُ الْحَدِيدُ فِي النَّارِ؟، هَلْ يَذُوبُ الحَدِيدُ فِي النَّارِ؟	6	قد نَجَحَ أخُوك... أجَلْ هو كَذلِك
7	أَعَلِيٌّ مُسَافِرٌ أَمْ حَسَنٌ؟، هَلْ عَلِيٌّ مُسَافِرٌ؟	8	جَيرِ، واللهِ لَأَقولَنَّ الصِّدقَ!
9	أَرَاكِبًا جِئْتَ أَمْ مَاشِيًا؟، هَلْ جِئْتَ رَاكِبًا؟	10	أما عَمِلتَ الواجبَ؟... أجَلْ
11	أَصَبَاحًا حَضَرْتَ أَمْ مَسَاءً؟، هَلْ حَضَرْتَ صَبَاحًا؟	12	هل حَضَرتَ بالأَمسِ؟... إِيْ، واللهِ!
13	أَلَمْ تَرَ حَدِيقَتَنَا؟	14	يَسْتَنبِئُونَكَ أَحَقٌّ هُوَ؟ قُلْ: إِي، وَرَبِّي إِنَّهُ لَحَقٌّ
15	أَلَا تُحِبُّ الإِقَامَةَ فِي القُرَى؟	16	قَالَ أَوَلَمْ تُؤْمِن قَالَ بَلَىٰ وَلَـٰكِن لِّيَطْمَئِنَّ قَلْبِي

17 أَلَيْسَ القُطْنُ عِمَادَ الثَّرْوَةِ في مِصْرَ؟

18 ما قامَ أخوك؟... بَلَى

19 أَلَيْسَتْ مِصرُ مَهْبِطَ السُّيَّاحِ؟

20 هَل أنتَ جَبانٌ؟... كلَّا

21 لَوِ احْتَمَى المَرِيضُ لسَلِمَ

22 كَلَّا إِنَّ الْإِنسَانَ لَيَطْغَىٰ

23 لَوْ تأَنَّى الْعَامِلُ مَا نَدِم

24 قَدْ أَفْلَحَ مَن زَكَّاهَا

25 لَوْ أَنَّ أَخَاكَ كَرِيمٌ لَسَادَ

26 قد يحضُرُ والِدِي غدًا

27 لَوْلا النِّيلُ لكانَ الإقليمُ الجُنُوبِيُّ صَحَراءَ

28 قَدْ نَرَىٰ تَقَلُّبَ وَجْهِكَ فِي السَّمَاءِ

29 لَوْلا الهَواءُ ما عاشَ إِنْسَانٌ

30 أشاعِرٌ أنتَ؟

31 لَولا الطَّبِيبُ لَساءَتْ حَالُ الْمَرِيضِ

32 ما زالَ المَطَرُ مُنْهَمِرًا

33 لَوْمَا التَّعَبُ ما كانتِ الرَّاحةُ

34 أَرَاكَ لقادِمًا

35 لَوْمَا العمَلُ لَمْ تَكُنْ لِلْعِلْمِ فائدةٌ	36 ما إن رأيتُهُ
37 لَوما ثَوابُ العامِلِينَ لفَتَرَتِ الهِمَمُ	38 ما إن زَيدٌ قائمٌ
39 هَا أَنتُمْ أُولَاءِ تُحِبُّونَهُمْ	40 لِئَلَّا يَعْلَمَ أَهْلُ الْكِتَابِ
41 أما واللهِ لأُعاقِبَنَّ المُسِيءَ	42 ما صافَحْتُ مِن أَحَدٍ وما شاهَدْتُ مِن زائرٍ
43 أما استَيقَظَ بَكْرٌ؟	44 مَا جَاءَنَا مِن بَشِيرٍ
45 ها إنَّ زيدًا قادمٌ	46 تَقُولُ هَلْ مِن مَّزِيدٍ
47 أما قامَ أخوكَ؟	48 كَفَىٰ بِاللّـهِ شَهِيدًا
49 أَلَا يَوْمَ يَأْتِيهِمْ لَيْسَ مَصْرُوفًا عَنْهُمْ	50 أَلَمْ يَعْلَم بِأَنَّ اللّـهَ يَرَىٰ

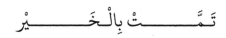

تَمَّــتْ بِالْخَــيْر

Glossary

ا

أَرِيْكَةٌ	a couch
اَبْصَارٌ	vision
اَبْطَلَ	to make void, to cancel
اَخَذَ	to take
اَصَابَ	to cause to reach, to afflict s.o
اَطَاعَ	to obey
اَعْجَزَ	to make incapable
اَغْنَى	to make free from want, to suffice s.o., to help s.o
اَقْدام	feet
اَكَلَ	to eat
اَنْصَتَ	to listen
اَنْفَقَ	to spend
اَوْشَكَ	to be about to do something
اِبْتَعَ	to purchase
اِبْتَعَدَ	to keep away
اِبْتَغَى	to seek
اِتَّبَعَ	to follow
اِتَّخَذَ	to make, to take
اِثْنَيْ عَشَرَ	Twelve
اِحْتَرَقَ	to burn, be burned
اِزْدَادَ	to increase
اِسْتَأْذَنَ	to take permission
اِسْتَجابَ	to respond, to answer
اِسْتَغْفَرَ	to seek forgiveness
اِسْتَقَرَّ	to live, dwell
اِسْتَكْمَلَ	to complete, to perfect
اِشْتَرَى	to purchase
اِصْطَلَحَ	to be improved
اِغْتَابَ	to backbite
اِفْتَحْ	you open
اِفْتَرَسَ	to kill (prey)
اِمْرَأَةٌ	A woman
اِنْتَصَرَ	to come to so and so's aid
اِنْكَسَرَ	be broken
اِهْتَدَى	to be guided, to find a way
اِؤْتَمَنَ	to trust someone
اِبْنٌ	son
اِتَّقَدَ	to burn
اَتَى	to come
اِحْتِرَام	respect
اِدَّخَرَ	to store away
أَدَّى	to fulfill, to convey
اِزْدِحَامٌ	crowd
اِسْتِرَاحَ	to rest
اِصْطَفَى	to select
اِعْتَنَى	to be concerned
اِفْتَرَشَ	to spread out
امْرِئٌ	a man
أَمْطَرَ	to rain down
اِنْقَضَى	to end
إِبْقَاء	preservation
اِتَّقَى	to fear
إِثْم	a sin
اِجْتَهَدَ	to work hard
إِحْدَى	one (f)
إِحْسَان	beneficence, doing good deeds
إِخْلَاص	sincerity
إِدَارَة	administration
إِرْدَبّ	a unit of measure
إِرْصَاد	to keep ready, be on the look-out
اِشْتَرَى	to buy

إِقْدام	approach, boldness
إِلٰه	deity
إِلى	towards
اِمْتَحَنَ	to test
إِمْتِحَانٌ	an exam
إِمْرَأَةٌ	a woman
إِنَاء	a container
إِنْسَانٌ	a human
إِيمَانٌ	belief
إِثْنَا عَشَرَ	Twelve
اِجْتَهَدَ	to work hard
اِسْتَطاعَ	to be capable
اِشْتَغَلَ	to be busy
إطار	frame
اِنْتَظَرَ	to wait
إِنْشاد	recitation, poem
أَبٌ	a father
أَبْصَرَ	to see
أَبْنِيَة	buildings
أَبْيَض	white
أَتَى	to bring, to give

أَتْقَنَ	to prefer
أَثَاث	furniture
أَثْمَرَ	to bear fruit
أَجَابَ	to answer
أَجْرٌ	A reward
أَجْمَل	more beautiful
أَحَبَّ	to love
أَحَدَ	one
أَحَدَ عَشَرَ	Eleven
أَحَقّ	more deserving, more worthy, more true
أَحْبَطَ	to destroy, ruin something
أَحْسَنَ	to do good, to be proficient
أَحْكَام	rules
أَخٌ	A brother
أَخَذَ	to take
أَخْلَاق	etiquettes
أَخْيَار	the best (ones)
أَخبَار	stories, news
أَدْخَلَ	to insert, enter
أَدْرَكَ	to reach

أَذَىً	inconvenience
أَرِيْج	fragrance, sweet smell
أَرْبَاب	Lord (p)
أَرْبَعَة	four
أَرْسَلَ	to send
أَرْضٌ	land, earth
أَرْضَعَ	to breastfeed
أَرائِك	couches, sofas
أَزَلَّ	to cause to slip
أَزْكَى	more pure
أَزْهَار	flowers
أَسَاءَ	to do wrong
أَسَد	lion
أَسْبَق	more ahead
أَسْدَى	to give advice
أَسْرَجَ	to saddle
أَسْرَع	faster
أَسْعَفَ	He helped
أَسْوان	Aswan (city in Egypt)
أَسْيَاف	swords
أَسْئِلَة	questions

أَشْبَال	lion cubs
أَشْجَار	trees
أَشْفَقَ	to pity s.o., to sympathize with s.o., to fear for s.o
أَشْيَاء	items
أَصْبَحَ	to wake up in the morning, to become
أَصْحَابٌ	companions
أَصْدِقَاء	friends
أَصْغَر	smaller; smallest
أَصْغَى	to listen; to pay attention
أَصْنَام	idols
أَضْحَى	to become
أَطَاعَ	to obey
أَطِبَّاء	doctors
أَطْعِمَة	foods
أَطْفَال	infants
أَعْجَبَ	to amaze
أَعْرَاب	the Bedouins
أَعْظُم	bones
أَعْمَال	actions
أَعْمَى	blind
أَعْمِدَة	pillars
أَعْنَاب	grapes
أَغَاثَ	to help
أَغْلَقَ	to lock
أَقْبَلَ	to turn forward, to approach
أَقْلَام	pens
أَكْرَمَ	to honour
أَكْلَة	meal
أَمَامَ	in front of
أَمَرَ	to order
أَمَلٌ	hope
أَمِيْرَة	princess
أَمِيْنٌ	trustworthy
أَمْر	the matter
أَمْسَى	to be or become into the evening, became
أَمْسِ	Yesterday
أَمْوَالٌ	wealth
أَنَا	I
أَنْذَرَ	to warn
أَنْشَأَ	to bring something into being, to start, initiate
أَنْصَفَ	to be just
أَنْعَام	grazing livestock
أَنْفٌ	nose
أَنْفُس	souls, selves
أَنْوَاع	types
أَنزَلَ	to send down
أَهْرَام	The pyramids
أَهْل	relatives, family, kinfolk
أَوْرَاق	leaves, papers
أَوْقَدَ	to kindle
أَوْلَادٌ	children, sons
أَوْلِيَاء	friends, protectors, helpers
أَوَّل	first
أَيْقَظَ	.to wake up s.o
أَيْمَان	oaths, right hands
أَيْنَ	Where
أُخْت	sister
أُذُن	nose
أَرَادَ	to want, wish, intend
أُسْبُوْع	week
أُسْتَاذ	teacher

أُمُوْر	matters
أُمّ	mother
أُمَّهَات	mothers
أُمُّ	mother
أُمّة	nation
أُورُوبَّا	Europe
أُولَـٰئِكَ	Those
أَخْلَصَ	to be sincere
أَخْلاق	manners, character
أَذْهَبَ	to cause something to go away, to remove
أَسْرَعَ	to be quick, fast, hasten
أَسْعَدَ	to make happy
أَشْرِبَة	drinks
أَصْغَى	to listen, to heed, to incline towards
أَطْفَأَ	to extinguish
أَعْمِدَة	pillars
أَمَانَة	trust
أَنْبِيَاء	prophets
أَنْزَلَ	to send down
أَوْقَدَ	to ignite
آبَاء	fathers
آبَاءٌ	fathers
آخِر	last
آذَى	to cause inconvenice
آمَال	hopes
آمَنَ	to believe
آيَاتٌ	signs, verses

ب

بَاب	the door
بَابٌ	A door
بَاتَ	happen during the night, became
بَارِدٌ	cold
بَاعَ	to sell
بَاغٍ	rebellious
بَاكٍ	crying
بَائِس	miserable
بَائِع	a seller
بَحَثَ	to search
بَحْر	sea
بَخَسَ	to lessen
بَخِلَ	to be stingy
بَخِيْل	miser
بَرَاكِيْن	volcanoes
بَرَقَ	to shine, to flash, to have lightning
بَرَكَ	to kneel down
بَرِيْد	mail
بَسَاتِيْن	gardens
بَسَطَ	to expand, explain
بَطَّة	duck
بَعَثَ	to send
بَعُوْض	mosquitoes
بَعْد	After
بَعْض	some
بَغْدَادُ	Baghdad
بَقَرَةٌ	a cow
بَلَدٌ	country, city
بَلَغَ	to reach
بَلِيَ	to be or become old, worn, shabby
بَلَّغَ	to convey
بَنَفْسَج	violet(flower)
بَنَات	daughters
بَيْتٌ	A house

بَيْنَ	between
بُخَلَاء	stingy (pl.)
بُرْتُقَالَة	orange
بُسُط	carpets
بُسْتَان	a garden
بِحَار	seas
بِرّ	piety
بِساط	carpet
بِنَاء	building
بِنْتٌ	A girl
بِيْض	white (pl.)
بِئْرٌ	A well
بَنَى	to build sth

ت

تَأَلَّمَ	to complain
تَاجِرٌ	A merchant
تَاللهِ	by Allah
تَأَهَّبَ	to prepare
تَأْدِيْب	disciplining
تَبَوَّأَ	to prepare
تَبَيَّنَ	to become clear
تَثَاؤُب	yawning
تَجَاوَزَ	to overstep, to go beyond
تَجَسَّسَ	to try to find information, to be a spy
تَحْتَ	below
تَرْوِيْح	refreshment
تَسَلَّقَ	to ascend, climb
تَسُودُ	to rule people
تَصَدَّقَ	to donate
تَضَوَّعَ	to spread, to be fragnant
تَضْلِيلٌ	Misguidance
تَعَاوَنَ	to help one another
تَعَجُّبُ	Amazement
تَعِبَ	to work hard
تَفَتَّحَ	it opened
تَفَرَّقَ	to become separated, dispersed, divided
تَقَاتَلَ	to fight with one another
تَقَبَّلَ	He accepted
تَقِيٌّ	pious
تَقْوَى	Piety
تَكَرُّم	showing kindness
تَكَلَّمَ	To speak/Talk
تَلَامِيْذ	plural
تَمَزَّقَ	to get torn, to break
تَمَسَّكَ	to adhere to
تَهَدَّمَ	to be destroyed
تَهَشَّمَ	to be destroyed
تَوَلَّى	to take responsibility, to undertake, to turn away
تَوْبَةٌ	repentance
تُجَّار	Traders
تُفَّاحَة	apple
تِجَارَة	commerce
تِسْعَة	nine
تِلْمِيْذٌ	A student
تِمْساح	crocodile
تِين	fig
تعمَّدَ	to intend, do intentionally

ث

ثَارَ	to erupt
ثَائِر	rage, rise up
ثَبَّتَ	to make firm

ثَرْوَة	fortune, wealth, riches
ثَعْلَب	fox
ثَلاث	three
ثَمانِيَةَ عَشَرَ	Eighteen
ثَمَر	fruit
ثَمَرَة	fruit
ثَمَن	price
ثَوَاب	reward
ثَوَرَان	eruption
ثَوْبٌ	A garment
ثُلُث	one third
ثُمَّ	then
ثِقَة	trust

ج

جَيْش	army
جَاء	to come
جَافٌّ	dry
جَالِسٌ	sitting person
جَامِدٌ	solid
جَانٍ	criminal
جَاهَدَ	to struggle, to strive
جَاهِل	ignorant one
جَائِزَة	prize
جَائِع	hungry
جَبَل	mountain
جَبُنَ	to be cowardly
جَدِيْدٌ	new
جَدْي	baby goat
جَرَى	to flow, to run
جَرْحَى	wounded (pl.)
جَرْي	flowing; running
جَرَّ	to pull
جَزَّار	butcher
جَعَلَ	to make, to put, to bring about
جَعْفَرُ	name of male
جَلَسَ	to sit
جَمَاعَة	congregation
جَمَعَ	to gather, to collect
جَمُلَ	to be beautiful
جَمَلٌ	the camel
جَمِيْع	all
جَمِيْلٌ	Handsome
جَنَّةٌ	a garden, Paradise
جَوَانِب	sides, directions
جَوَائِز	prizes
جَوْهَرٌ	matter, substance, atom
جَوَّادٌ	generous
جَوّ	air
جَيِّدٌ	Good
جُبَنَاء	cowards
جُبْن	cheese
جُدْرَان	walls
جُمْهُور	general public, majority
جُنَاح	sin
جُنُوْدٌ	armies
جُنْدِيٌّ	A soldier
جُوْد	generosity
جُوْعٌ	hunger
جِبَالٌ	mountains
جِدَار	Wall
جِذْع	stem, trunk
جِهَات	sides

جِيزَة Giza (City in N Egypt)

جار neighbor

جائِزَة prize, reward

جَوَّدَ to improve

جواد racehorse

ح

حَاجَة necessity

حَاذِقٌ skillful

حَارِس guard

حَارٌّ hot

حَازَ to obtain, win

حَازِم resolute, energetic

حَاسِدٌ an envier

حَاضِرٌ present

حَال condition

حَبَسَ to imprison

حَبْلٌ a rope

حَدِيْقَة garden

حَذِرَ to be cautious, fearful

حَرَج difficulty

حَرَسَ to guard

حَرَكَة movement

حَرِيْر silk

حَرِيْق fire

حَرَّمَ to declare something unlawful, to forbid

حَسَنٌ excellent, superior

حَسَنَات good deeds

حَسُوْد envious

حَشَرَ to gather

حَضَرَ to be present

حَطَبٌ Firewood

حَفِظَ to memorize, to protect

حَفْلَة a gathering

حَقِيْبَة briefcase

حَقْل a field

حَقٌّ Truth

حَكَمَ to pass a judgement, to pass a ruling

حَكِيْم wise

حَلَبَ to milk

حَلَّ to solve

حَم father-in-law

حَمَام Pidgeon

حَمَامَة dove

حَمْلٌ load, cargo

حَمَلٌ lamb

حَمَلَ to carry

حَمِدَ to praise

حَمْراء red

حَمَّالٌ porter, carrier

حَمَّلَ to carry, to burden

حَوْض pool

حَيَاة Life

حَيَوَان animal

حَيَّ Come!/Hasten

حَيَّهَلْ Come!/Hasten

حُبّ love

حُجَّة proof, authority

حُجُرَات rooms

حُجْرَةٌ Room

حُجَّاج pilgrims

حُرُوْب wars

حُسْنٌ Beauty

حُصُوْن	fortresses
حُفَّاظ	People who have memorized Qur'an
حُلْوَان	sweet
حُلوَانُ	Helwan, a town south of Cairo
حُمُر	red (pl.)
حُوْتٌ	A whale
حُوْذِيّ	coachman
حُوْر	maidens
حِجَارَةٌ	A stone
حِسَاب	arithmetic
حِصَان	horses
حِكَايَات	stories
حِلْم	forbearance
حِمَارٌ	A donkey
حادَثَ	to speak, converse with someone
حَيّ	locality, living thing
حيّا	to greet

خ

خَاتَم	a ring, a seal
خَاثِرٌ	thickened
خَادِمٌ	A servant
خَاسِر	Loser
خَافَ	to fear
خَالَفَ	to oppose
خَالِيَةٌ	free, devoid
خَائِب	failed
خَبِيث	evil, wicked, harmful
خَبْر	news
خَبَّاز	baker
خَتَمَ	to seal, to finish
خَرَجَ	to depart
خَزانَة	treasure
خَسَائِر	losses
خَشَب	wood
خَشِيَ	to fear
خَشْيَة	fear
خَضْرَاء	green
خَطَفَ	to snatch
خَطِيْب	lecturer
خَلَا	to pass, go by, elapse
خَلَعَ	to remove
خَلَقَ	to create
خَلْفَ	behind
خَلْق	creation
خَلِيْل	friend
خَمَشَ	to scratch
خَوْفٌ	fear
خَوَّان	treacherous
خَيْر	goodness, better than something
خَيْط	thread
خَيَّاطٌ	A tailor
خُبْزٌ	Bread
خُسْرٌ	a loss
خُلُق	character
خَانَ	to deceive, be treacherous

د

دَارٌ	A house
دَارَ	to revolve
دَاعٍ	caller
دَائِم	permanent
دَجَاج	chicken
دَخَلَ	to enter
دَرَاهِم	dirhams

دَرْسٌ	A lesson
دَعَا	to call, to supplicate
دَفْتَرٌ	A notebook
دَقَّ	to strike
دَكَّ	to make level
دَهِشَ	to be astonished, amazed, to wonder at something
دَهْر	time
دَوَاء	medicine
دَوْرَة	revolution
دَيْن	debt
دُبَّة	she-bear
دُخَان	smoke
دُعَاء	supplication
دُكَّانٌ	A shop
دِرْهَم	silver coin
دِيْنَار	gold coin
دامَ	to last, to continue, to go on
درّاجَة	bicycle

ذ

ذَابِل	dry
ذَالِكَ	that
ذَبَحَ	to slaughter
ذَعَرَ	to frighten
ذَكَا	to be intelligent
ذَكَرَ	to remember
ذَكِيّ	intelligent
ذَهَبٌ	gold
ذَهَبَ	to go
ذُوْ	possessor of
ذِرَاع	a unit of measure
ذِئْب	wolf
ذٰلِكَ	that

ر

رَاحَ	to smell
رَاشِدٌ	Rightly guided
رَاضُوْنَ	pleased ones
رَاعٍ	a Sheppard
رَاق	to please, to be clear
رَاكِب	a rider
رَائِحَة	smell
رَأَى	to see, witness sth
رَبَطَ	to tie
رَبِحَ	to profit
رَبٌّ	Lord
رَبَّ	to have possession, to be master
رَجَعَ	to return, to come back
رَجُلٌ	A man
رَحِمَ	to have mercy upon s.o.
رَحِيْم	merciful
رَخِيْص	cheap
رَسُوْلٌ	a messenger
رَضِيَ	to be pleased
رَطْل	a unit of measure
رَعَدَ	to thunder
رَعْد	thunder
رَفَعَ	to raise
رَقَدَ	to sleep
رَقَصَ	to dance
رَقِيْبٌ	watchful
رَكَبَ	to ride
رَمَى	to throw
رُبَّ	many

رُسُلٌ	messengers
رُمّان	a pomegranate
رُوَيْدَ	Give respite
رِجَالٌ	men
رِجْس	dirt, filth
رِجْلٌ	A leg
رِحْلَةٌ	a caravan
رِزْقٌ	provision
رِسَالَة	message, letter
رِوايَة	narration
رِيْح	wind
رِئَة	lung

ز

زَارَ	to visit
زَائِر	visitor
زَبِيْبٌ	dried
زَجَرَ	to drive away
زَرَعَ	to plant, to grow something
زَرْع	plantation
زَرْقَاء	blue
زَكَا	to grow, to be good
زَهْرَاءُ	radiant
زَهْرَة	flower
زَوْجَةٌ	A spouse
زَوْرَق	boat, rowboat
زَوَّجَ	to give in marriage, to marry, to pair
زَيْتُوْنٌ	olive
زُجَاج	Bottle, glass
زُحَل	Saturn
زُوْر	falsehood
زِحَام	crowd
زِرَاعَة	agriculture
زِيَارَة	visit
زَبَد	foam, froth
زُبْدَة	butter, cream

س

سَاحِرٌ	A magician
سَادَ	to rule over
سَارَ	to set out, to travel
سَارِق	thief
سَاعَةٌ	time, hour, clock, watch
سَاعَدَ	to help
سَافَرَ	to travel
سَاكِنٌ	calm
سَامِعٌ	listener
سَاهُونَ	heedless ones
سَائِح	traveler, tourist
سَائِر	going
سَائِقٌ	a driver
سَبَقَ	to precede, to arrive
سَبِيلٌ	a path
سَبْعَة	seven
سَجِيْن	prisoner
سَجَّادَة	prayer rug
سَحَاب	cloud
سَحْبَانُ	A town in Yemen
سَخِيٌّ	generous
سَرِيْع	quick
سَرَّ	to make happy
سَرادِق	large tent, canopy, pavilion
سَعَادَة	happiness
سَعَى	to strive, to run
سَعِدَ	to be happy, (س) fortunate

سَعِيْد	happy
سَعْي	striving
سَفَرْجَل	quince
سَفِيْنَةٌ	a ship
سَفِيْه	foolish
سَقَطَ	t
سَقَى	to give to drink
سَقْف	roof
سَكَبَ	to pour out
سَكَنَ	) to live, to be ن(calm, peaceful
سَكِيْنَة	tranquility
سَلَّمَ	to submit, to say Salaam
سَلَامٌ	peace
سَلَامَة	safety, peace
سَلَّة	basket
سَمَاءٌ	the sky
سَمِعَ	to listen
سَمِيْنٌ	fat
سَمْرَاءُ	brown
سَماء	sky
سَمكَة	fish
سَنَة	Year
سَنَوَات	Years
سَهْلٌ	easy
سَوْفَ	particle of future tense
سَيَّارَةٌ	A car
سَيِّد	leader
سَيِّدَات	ladies
سَيِّئٌ	bad
سَيِّئَات	evil deeds
سُرُوْر	happiness
سُعَاد	female helper
سُعدَى	happier (f)
سُفُنٌ	ships
سُكَّان	dwellers, residers
سُلْطَان	ruler
سُنَّةٌ	habitual practice, Sunnah
سُوْء	evil
سُوْر	wall
سُوْق	a market
سُؤَال	question
سُيُوْف	swords
سِجْن	prison
سِكِّيْن	knife
سِيْرَة	biography
سابِق	foregoing, first
ساعَات	hours, watches
ساقٌ	leg
ساق	to drive
سائِق	driver

ش

شَاة	sheep
شَارِعٌ	a street
شَام	Syria
شَامِت	rejoicing at someone's misfortune, gloating
شَاهِد	a witness
شَبَابِيْك	windows
شَبَكَة	net
شَبَّ	to burn
شَبعَان	satisfied
شَجَرَةٌ	A tree
شَدَّ	to fasten

شَدِيْد	intense
شَرِبَ	to drink
شَرِيْفٌ	honourable
شَرْع	the law of Islam
شَرْقِيّ	western
شَقِيّ	miserable
شَقرَاءُ	Light skinned
شَكَرَ	to thank
شَكْل	appearance, figure, form, shape
شَمْسٌ	sun
شَهْر	month
شَيْءٌ	Something
شَيْخٌ	old man
شُجَاع	courageous
شُرْطِيٌّ	policeman
شُعُوْب	nations
شُكْر	gratefulness
شِتَاءٌ	Winter
شِرَاع	sail
شارِع	street
شاطِئ	shore
شاعِر	poet
شاهَدَ	to see, witness sth
شوارِع	streets

ص

صَاحَ	to cry, scream
صَاحَبَ	to keep company with
صَاحِبٌ	A companion
صَادَ	to hunt
صَادِقٌ	truthful
صَارَ	to become
صَافٍ	clear
صَالِحٌ	pious
صَائِد	hunter
صَائِم	fasting
صَبَاح	morning
صَبِيٌّ	Child
صَحَائِف	pages
صَحِبَ	to keep company
صَحِيْحٌ	correct
صَحِيْفَة	page, scripture
صَحْرَاوَات	deserts
صَحرَاءُ	desert
صَدَاقَة	friendship
صَدِيْقٌ	A friend
صَرَخَ	to scream
صَعِدَ	to climb
صَعْبَةٌ	Difficult
صَغِيْرٌ	Small
صَفَاء	cheerfulness, happiness
صَفَحَ	to forgive
صَفْحَة	sheet
صَلَاةٌ	prayer
صَلَّي	to pray
الصَمَدُ	the Independent
صَنَعَ	to make
صَنَم	idol
صَهْ	Keep quiet
صَيّاد	hunter
صَيْفٌ	Summer
صُبُوْرٌ	enduring
صُحُف	pages, scriptures
صُرَاخ	screaming

صُغْرَى smaller (f.)

صُنْدُوْقٌ A box

صُنَّاعٌ craftsmen, workers

صُوَر images

صُوْرَة form, image

صُوْفٌ Wool

صِبْيَة young children

صِدْق truth

صِرَاطٌ a path

صِيَاح crying, cry

صامَ to fast

ض

ضَارَّة harms, calamities

ضَالُّوْنَ astray ones

ضَائِع lost

ضَحِكَ to laugh

ضَخْمٌ Big/Heavy

ضَرَبَ to hit

ضَرْبَة hit

ضَرَّ to cause harm

ضَعِيْفٌ weak

ضَلَّ to go astray

ضَيْفٌ A guest

ضَيِّقٌ narrow

ضُعَفَاء weak people

ضُيُوْف guests

ضِبَاب fog, mist

ط

طَابَ to be pleasant, ripe

طَارَ to fly

طَاقَةٌ power, strength

طَالِبٌ A student

طَالِع rising

طَاهِر clean

طَائِر pilot

طَائِرَة airplane

طَائِش Heedless

طَائِفَة group

طَبَخَ to cook

طَبِيْبٌ A doctor

طَبْخ cooking

طَرَقَ to knock

طَرِيْق a path

طَعَام food

طَعْم taste

طَقْسٌ Weather

طَلَب to seek

طَلَبَة seekers

طَلَعَ to rise

طَلِيْق free

طَلْق free, open

طَوَى to spend, to pass

طَيِّب pure, wholesome

طُلُوْع rising

طُمَأْنِيْنَةٌ peace, tranquility

طُهًى cooked dish

طُوْبٰى blessedness

طُوْل length

طِفْل infant

طِيْنٌ soil

طيْر birds

طفى to float

ظ

ظَافِر	victorious
ظَالِم	oppressor
ظَلَّ	happen during the day, became
ظَنَّ	to think
ظِلّ	shade

ع

عَابِدٌ	a worshipper
عَادَ	to return
عَادِيَةٌ	horse
عَاصٍ	a disobeyer
عَاقَبَ	to punish
عَاقِلٌ	Intelligent
عَالِمٌ	a scholar
عَامِلٌ	a worker
عَامَّة	general public
عَائِدٌ	Returning
عَبِثَ	to fool around, to toy
عَبْد	servant
عَثَرَ	to stumble upon something, to find something
عَجَلَة	wheel/bicycle/two-wheeled cart
عَجِبَ	to be astonished, amazed
عَجِيْبَةٌ	Strange
عَدَلَ	to be just
عَدُوٌّ	enemy
عَدْل	justice
عَذْبٌ	Sweet
عذْر	excuse
عَذَّبَ	to torment
عَرَبِيٌّ	Arabic
عَرَفَ	to know, to recognize
عَسَى	hopefully, perhaps
عَشْرَة	ten
عَصَافِيرُ	Sparrows
عَصِيْبٌ	Difficult
عَصْرٌ	Time
عَضَلَ	to prevent
عَطَسَ	to sneeze
عَطَفَ	to have compassion
عَطِشَ	to thirst
عَطْشَان	Thirsty
عَظِيْم	great
عَظَّمَ	to revere
عَقْرَب	scorpion
عَلَق	leech, blood clot
عَلَيْكَ	(It is) incumbent on you/Hold on to (it)
عَلِمَ	to know
عَلَّمَ	to teach
عَمَلٌ	deed
عَمِلَ	to do, to perform
عَمْيَاء	blind (f.)
عَنْ	from
عَوَاطِل	holidays
عَوَاقِب	consequences
عَيْن	eye, spring
عُجْلَة	hastiness
عُدْوَان	transgression, enmity, hostility
عُسْرٌ	hardship
عُشّ	Nest
عُصْفُوْر	small bird, Sparrow
عُطْلَة	holiday
عُقُوْدٌ	Transactions

عُلُوْم	sciences
عُمَّال	worker
عِجْل	calf
عِرَاقٌ	Iraq
عِلْمٌ	knowledge
عِمَاد	support
عِنَب	grapes
عِنْدَ	With/Near/By
عاد	to return, to visit
عاشَر	to associate with s.o./ live with s.o
عام	year
عامَلَ	to deal with someone
عفا	to forgive

غ

غَابَ	to be absent, to disappear
غَابَة	Jungle
غَائِبٌ	absent
غَدَاء	Breakfast
غَرَبَ	to set
غَرَسَ	to plant
غَرِيْب	strange, amazing, wondrous
غَرِيْبَةٌ	Strange
غَزِيْرٌ	Abundant
غَسَلَ	to wash
غَضِبَ	to be angered
غَضْبَان	angry
غَضبى	angry, furious
غَفُوْرٌ	forgiving
غَفْلَةٌ	heedlessness
غَلَبَ	to defeat
غَلِيْظَة	rough, fat and uncouth
غَلَّ	to apply an iron collar, to be treacherous
غَمَام	clouds
غَنَم	sheep
غَنِيٌّ	rich person, self-sufficient
غَيْر	other
غُبَار	dust cloud
غُرَاب	Crow
غُرَف	rooms
غُرُوْب	setting of sun
غُرْفَة	room
غُصْن	branch
غُلَام	boy
غِذَاء	food
غِلَافٌ	Cover
غِلْمَة	boys
غِنَاءٌ	Music
غاث	to water with rain

ف

فَارِس	horseman
فَازَ	to succeed
فَاضَ	to overflow
فَاكِهة	fruit
فَائِز	successful
فَائِضٌ	flowing, overflowing
فَأْر	rat
فَأْرَة	rat
فَتًى	a young man
فَتَاة	a young woman
فَتَحَ	to open
فَتَيَات	young women
فَجْر	dawn

فَحَصَ	to examine, test, search, inquire
فَخِذٌ	thigh
فَخْر	pride
فَرَّ	to flee
فَرَاشَةٌ	A moth/butterfly
فَرَسٌ	Horse
فَرَغَ	to finish something, to be free
فَرِيْق	group
فَسِيْح	spacious
فَصْل	parting, section
فَضْل	grace, favour, superiority, virtue
فَعَلَ	to do
فَقَدَ	to lose
فَقِيْرٌ	poor
فَقْر	poverty
فَلاَح	Success
فَلاَّح	farmer
فَم	mouth
فَنَادِق	hotels
فَهِمَ	to understand
فَوْق	above
فَوَّارَات	fountains
فَيحَاءُ	fragrant, aromatic
فُرْقَان	proof, criterion
فُقَرَاء	poor people
فُلْك	ship
فُوْل	beans, cooked beans with oil
فِتْنَة	test, trial, tribulation
فِتْيَان	youth
فِجَّة	unripe
فِرَاش	cushion, bed
فِرْقَة	group
فِناءٌ	a courtyard
فِيلٌ	An elephant
فاخِر	proud, boastful, excellent, superb, glorious
فاكِهَة	fruit

ق

قَهْوَة	coffee
قَابَلَ	to meet
قَاتَلَ	to fight
قَادِم	arriver
قَارِئ	reader
قَاضٍ	judge
قَالَ	to speak
قَامَ	(with ب) To take responsibility for something, to carry out something
قَائِد	leader
قَبَّلَ	to kiss
قَبَضَ	to arrest
قَبِيْحٌ	Ugly
قَبْل	Before
قَتَلَ	to kill
قَدَم	foot
قَدِيْمٌ	old, ancient
قَدَّمَ	to submit, to prepare, to take
قَذَفَ	to throw
قَرَأَ	to read
قَرُبَ	to come near
قَرِيْبَةٌ	close
قَرِيْن	companion
قَرْيَة	town
قَسَمٌ	An oath

قَشَرَ	to peel
قَصَّ	to narrate
قَصَب	cane, reed, sugar cane
قَصَفَ	to roar, grumble
قَصِيْر	short
قَصْر	castle
قَصَّاب	butcher
قَضَى	to decide, judge, fulfill
قَطَعَ	to cut, sever, traverse a distance
قَطَفَ	to pick (fruit), to gather
قَعَدَ	to sit
قَفَص	cage
قَلَمٌ	A pen
قَلِيْل	little
قَلْبٌ	A heart
قَمَرٌ	Moon
قَمْح	wheat
قَوَاعِدُ	foundations
قَوِيٌّ	strong
قَوْل	saying
قَوْمٌ	people
قِيْمَة	value
قُدَمَاء	old (pl.)
قُرًى	towns
قُرْصٌ	plate
قُضَاة	judges
قُطَفَ (ن)	to pick, harvest
قُطْن	cotton
قُفْل	lock
قُوْت	food
قِرْطَاس	paper
قِصَّةٌ	A story
قِطَار	train
قِطّ	cat
قِنْطَار	a unit of measure
قَامَ	to stand
قاهرة	Cairo

ك

كَاتِبٌ	writer
كَاذِب	liar
كَافَأَ	to reward
كَافِر	unbeliever
كَانَ	to be
كَبِيْرٌ	big, large
كَبْش	ram
كَتَبَ	to write
كَتَبَة	writers
كَتِفٌ	shoulder
كَثِيْر	many
كَثِيْف	thick
كَدَر	to worry
كَدِر	to muddy
كَذَبَ	to lie
كَذَّبَ	to disbelieve
كَرِيْمٌ	noble; generous
كَسَبَ	to earn
كَسَرَ	to break
كَسْلَانٌ	lazy
كَعْبَة	the Ka'ba
كَفَرَ	to disbelieve
كَلَام	speech
كَلْبٌ	a dog
كَمَلَة	perfect (pl.)

كَمْ	How many
كَهْفٌ	cave
كَوَاكِب	stars
كَوْكَبٌ	a star
كَيْتَ وَكَيْتَ	Such and such
كَيْدٌ	a plan
كُبُوْد	livers; hearts
كُبْرَى	larger
كُتُب	books
كُتَّاب	writers
كُرَة	ball, globe, sphere
كُرَمَاء	generous (pl.)
كُرْسِيٌّ	a chair
كُرْم	vine, grapes, grapevines
كُفْرٌ	disbelief
كُلّ	every
كُلِّيَّةٌ	Faculty/College
كُوْب	cup
كِبَار	big (pl.)
كِتَابٌ	a book
كِرَام	noble (pl.)
كَادَ	to be about to do something

ل

لَاعِب	playing
لَامِعَةٌ	twinkling, shining
لَاهٍ	distracted
لَبَن	milk
لَبِسَ	(س) he wore
لَحْظَة	moment
لَحْم	meat
لَذِيْذ	delightful
لَذِيْذَةٌ	more tasty
لَطِيْف	pleasant
لَعَلَّ	perhaps, maybe
لَعِبَ	to play
لَيْتَ	If only
لَيْلٌ	A night
لُغَةٌ	Language
لِبَاسٌ	a dress
لِسَانٌ	Tongue
لِصٌّ	thief
لِمَاذَا	Why
لِيفَربُول	Liverpool

م

مَاتَ	to die
مَالٌ	wealth
مَالِك	owner
مَاهِرٌ	skilled
مَائِدَة	table
مَائِلٌ	leaning over
مَأْمُوْم	the follower
مَتَاع	objects, goods
مَتِيْنٌ	strong
مَتْحَف	museum
مَثَل	likeness, example
مَحَقَ (ف)	to erase, wipe out
مَحِيض	menstruation
مَحْبُوْبٌ	beloved
مَحْبُوْبَةٌ	beloved woman
مَحْسُوْد	envied
مَحْمِل	carriage
مَحَّصَ	to purify, to put to the test

مَخْسُوْفٌ	moon eclipsed
مَدَحَ	to praise
مَدِيْنَةٌ	a city
مَدْرَسَةٌ	A school
مَذْمُوْم	blameworthy
مَرَضٌ	disease
مَرِيْضٌ	sick person
مَرْءٌ	a man
مَرْضَى	sick person (pl.)
مَرْكَز	office
مَرَّ	to pass by
مَرَّة	time, turn
مَزَّقَ	to rip up
مَسْجِدٌ	a mosque
مَسْرُوْر	happy
مَسافَة	distance
مَشْهُوْر	famous
مَشْهُوْرَةٌ	famous (f.)
مَشْي	walking
مَصَابِيْح	lamps
مَصْنَع	the establishment
مَصفُوف	arranged in line
مَطَر	rain
مَطْبَخ	kitchen
مَظْلُوْم	oppressed
مَعْرُوْف	good deed
مَغَرِّدٌ	twittering
مَفْتُوْحٌ	open
مَفْقُودٌ	lost
مَفرُوْش	spread out
مَقْبُوْل	accepted
مَقْعَد	place of sitting, buttocks
مَكَانٌ	a place
مَكَثَ	to stay
مَكْتَب	desk
مَكْسُوْرٌ	broken
مَكِّيٌّ	Meccan
مَلَابِيْس	clothes
مَلَكٌ	an angel
مَلَكَ	to own, possess
مَلُوْم	censured, blamed, blameworthy
مَلِكٌ	a king
مَلْعَب	playground
مَلْهُوْف	worried, eager
مَمْدُوْحٌ	praised
مَنَارَة	minaret
مَنَازِل	houses
مَنِيْع	impenetrable
مَنْزِلٌ	house
مَنَّ	to boast of a favour
مَهَلَ	to take time
مَهْدٌ	cradle
مَوْج	waves
مَوْجُوْد	present
مَوْقِد	stove
مَيْدان	field
مُبَارَاة	absolved
مُبَارَك	blessed
مُبَعْثَر	scattered, widespread
مُبَيِّنَاتٌ	indicators
مُبِينٌ	clear
مُتَوَمٌّ	one in pain
مُتَأَخِّرٌ	late

مُتَشَاتِم	verbally abusing one another
مُتَصَاعِدٌ	rising
مُتَعَمِّد	one who does something intentionally
مُتَقَلِّب	wavering
مُتَنَاسِفُوْن	competitors
مُتَنَزَّه	a park
مُتْعَب	tired
مُتَّقِد	burning
مُثْمِرَةٌ	fruitful
مُجِدّ	diligent one
مُجِيْرٌ	protector
مُجْتَهِد	diligent
مُجْرِم	criminal, evildoer
مُحْتَرَمٌ	honoured
مُحْسِن	good-doer, benefactor
مُخْتَرِعُوْن	inventors
مُخْلِص	sincere
مُدَبَّر	planned, organized
مُدَرِّس	a teacher
مُدِيْرٌ	principal, manager
مُذ	since
مُرُوْءَة	manliness
مُرْتَاحٌ	Speechless
مُرْسَلٌ	that which was sent
مُزَيَّن	decorated
مُزْدَحِم	crowded, jammed
مُسَافِر	traveller
مُسْتَرِيْح	relaxed
مُسْتَشِيْر	one seeking counsel
مُسْتَمِرّ	continuous
مُسْتَمِعُون	listeners
مُسْتَيْقِظٌ	awake
مُسْرَجٌ	saddled
مُسْرِع	quick
مُسْلِمٌ	a believer
مُشْتَرَى	purchased
مُشْرِق	rising
مُصَلُّوْن	Worshippers
مُصَوَّر	illustrated
مُصَوِّر	shaper
مُضَرُ	name of an Arab tribe
مُضِيْف	host
مُطَالعَة	study
مُطِيْعُوْنَ	obedient ones
مُعَاهَد	someone with whom an agreement is made
مُعَلِّمٌ	a teacher
مُعْتَدِل	balanced, moderate
مُعْدِم	poor, destitute
مُغْلَقَةٌ	locked
مُفَتَّح	opened
مُفِيْدٌ	beneficial
مُفْلِحٌ	successful
مُقَدَّسَة	sanctified
مُقَصِّر	a slacker
مُقْبِلٌ	approaching
مُقْتَصِد	thrifty
مُمْتَلِئٌ	full
مُنَادٍ	caller
مُنْصِف	righteous
مُهَذَّب	well mannered
مُهَذَّبَةٌ	well mannered (f.)
مُهَنْدِسَةٌ	an engineer (f.)

Made in the USA
Monee, IL
04 December 2022

19361186R00079